沉默者的话语

马克·吕布与贝特朗·埃韦诺的对话

[法]马克·吕布 著

司墨 译

中国摄影出版传媒有限责任公司
China Photographic Publishing & Media Co., Ltd.
中国摄影出版社

▲马克的母亲埃莱娜和她三个较小的孩子，左起：西尔维、奥利维埃、马克。1927 年摄于圣艾居尔夫。

▼左起：安东尼奥、米歇尔、西尔维、弗朗索瓦兹、让。坐在地上的人是马克，1933 年摄于卡拉尔城堡。

▼左起：马克、奥利维埃。

▲左起：马克、奥利维埃，1933 年摄于埃居利。

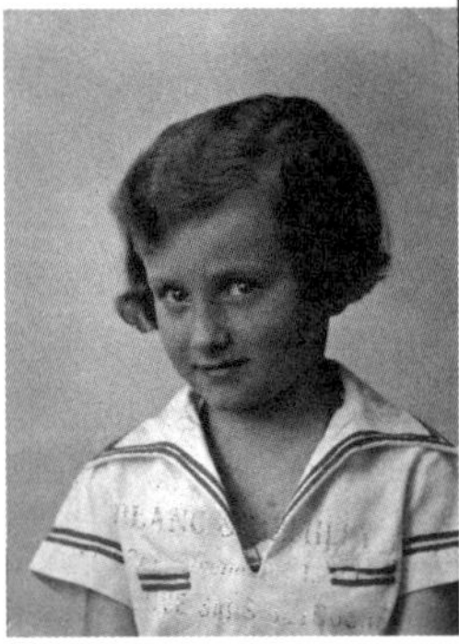

▲5 岁的马克，摄于 1928 年。

▼左起：阿列克谢、泰奥、马克、凯瑟琳和大卫，1985 年拍摄于“毛虫窠”（译者注：法国地名）。

▲阿列克谢和他的堂妹维罗妮卡，摄于 1974 年。

▼睡着的克莱门斯，摄于 1984 年。

▲大卫在“毛虫窠”，于 1983 年。

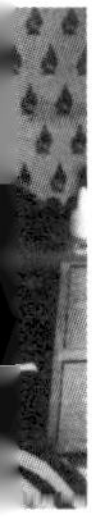

◀阿列克谢和泰奥，摄于1986年。

▲泰奥。

▲克莱门斯，摄于1994年。

▼克劳德·罗伊在书房内，摄于1985年。

▼安东尼奥·吕布，摄于1987年。

▲凯瑟琳在布拉格的犹太人墓地，1981年摄于捷克。

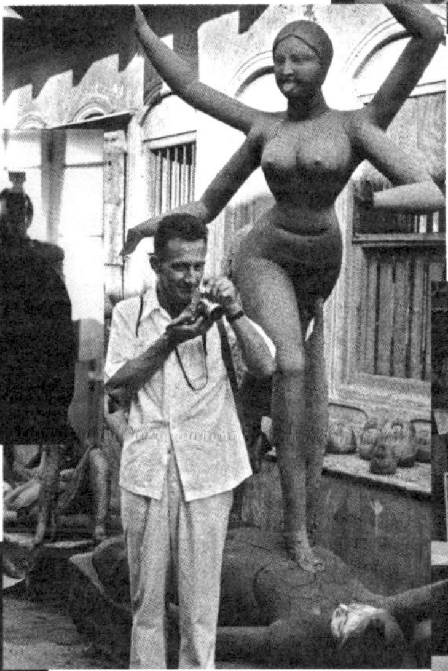

▲马克第一次去印度，摄于1956年。

▲马克和杰奎琳·肯尼迪在纽约国际摄影中心，摄于1990年。

▼马克和凯瑟琳在工作室，卡洛斯·弗雷勒摄于1983年。

◀安娜·华诺瓦，1981年摄于捷克布拉格。

目 录

马克·吕布。

沉默寡言的人

1923年6月24日，马克·吕布（Marc Riboud）出生在里昂一个资产阶级大家庭中，他的家族在工业界和金融界占有重要的地位。他的父亲卡米耶·吕布（Camille Riboud）曾在日记中生动地讲述了家族的来历，并在其中第15页上这样写道："马克，七个孩子中排行第五，腼腆、孤僻且常一言不发。"在我们的对话中，他常常有意地提及早年的生活经历。童年、家庭还有战争，每个因素的影响对他性格的养成都是不可或缺的。这些回忆是珍贵的，他的讲述充满幽默和感情。

沉默的马克……

以前家里人都叫我“沉默的马克”。如果有人问“你今天做了什么”，这简直是个很可怕的问题。我会愣在那里，完全不知道要怎么回答，一个字也说不出来。我是那种不敢跟任何人说话的孩子，除了家中唯一的朋友——我的弟弟奥利维埃（Olivier，但他 11 岁时就夭折了，我当时 13 岁）。家人所不知的是，在学校，我会跟朋友保罗说些话，只和他说，除了他，我不跟任何人说话。我虽然沉默寡言，但内心深处对万物都很感兴趣，喜欢观察，喜欢刨根问底。好奇使我生活在疑问中。我常对自己说：“咦，好有趣……我去看看！”那时我的视觉很敏感，而且好奇心强。比如我会暗中观察家里的司机做木工活儿，他的双手那么老练，什么活儿都会做。看他做木工活儿是一种极大的享受。

父亲的一句话对我起到了决定性的作用：“马克，虽然你不会说，

亚斯纳亚－博利尔纳的一所小学，托尔斯泰府邸，苏联，1960 年。

但也许你会看……”这句话耐人寻味，它道出了我精神世界偏重视觉感受的倾向，它甚至道出了我的使命。我把这句温馨的话深深地藏在心里。还有一个值得珍藏的回忆，那就是父亲买了他的第一台徕卡相机后，便把他那台旧的柯达口袋相机（Vest Pocket Kodak）给了我。他有7个孩子，但只给了我。父亲去世之后，我未能升学，留了级，变得更加孤僻，不再和任何人说话，哪怕是在学校……嗯，除了一个妹妹，她开朗活泼，能歌善舞。为了弥补这种“沉默”，我喜欢和家庭之外的人交往，并预感到我需要离开自己的家人，到远方去。成为摄影师之后，我买了乔治·罗杰（George Rodger，译者注：英国战地记者，马格南图片社创始人之一）的那辆路虎牌汽车，然后去了加尔各答，整整两年的时间在远方游历。

什么解救了我？　是几何……

我曾经是个一言不发的“哑巴”，学习也不太好，但无意之中人们发现了我不同寻常的素质——几何方面的天赋。这让所有人都感到惊讶。平时，我的成绩令人失望，但有一次我竟然考了28分！满分是30分。为什么会这样？之前没有人猜到过或发现过我天生具有学习几何的头脑……而中学毕业会考证明了我的天赋。虽然笔试考了28分，但口试却考了0分（译者注：法国考试同一科分别有笔试和口试两次考试）。

亨利·卡蒂埃-布列松（Henri Cartier-Bresson）对我说：“马克，你眼里长着圆规（译者注：此处一语双关，这句俗语的本意是形容人目测精准）。”比如在中学会考的时候，面对几何难题，我比所有人都答得快。在交卷的时候，毫不夸张地说，我产生了一种生理上的喜悦……实在太有趣了！上初中的时候，一位富有洞察力的神父预言：“他将来会学综合理工。”综合理工？不可能！太冷冰冰了！代数学，抽象公式，我不明白为什么会有人对这些感兴趣。然而，研究几何的确是一种奢华

塞伊汉水坝水力发电中心工地，阿达纳，土耳其，1955年。

的享受。不过那时我不敢跟任何人说我的兴趣是什么，青春期的孩子脖子上都戴着枷锁。那些成绩好又听话的孩子游刃自如，而自己却跟他们格格不入。那时我根本不相信这个呆板、单调又无聊的学校会存在一条出路。我不相信才华，什么是才华？我相信的是生而赋有的禀性，或是小时候就获得的能力。不知何时起，我有了这种奇怪的条件反射——喜欢看几何图案……那些形状、平面、棱角，它们遵从着与美不同的另一套规则，却又拥有自己与众不同的奇特的美。尤其是那些圆圈和半圆。的确，我对圆情有独钟……

不可思议地通过中学会考，解出一道几何题，似乎是上天发出的命运信号。它揭示了马克之所以能成就自我的原因之一，并预示了他的天赋将始终影响着他，形成自己独特的风格，使其在未来成为一位伟大的摄影师。

我的弟弟奥利维埃

学生背着代代相传的大斗笠，广西，中国，1965 年。

我们兄弟姐妹之间平常并不怎么说话，但奥利维埃的死还是让我深为震动。这么多年过去了，那场景至今历历在目。我父亲走上楼梯，怀里抱着奄奄一息的奥利维埃。他在儿童膳宿公寓感染了猩红热，那个女校长还说："没关系，去跟同学们滑冰吧。"后来她打来电话："您得接一下他。"那一切仿佛就在眼前，房屋、楼梯，父亲抱着奥利维埃，一只手托着他虚弱的头，另一只手抱着他的两条腿。为了避免传染，他不能回自己的房间，而是被放在一间临时客房，谁都不准进去。

我还记得自己曾经有点嫉妒奥利维埃。有人送了我一辆自行车，之后也送了他一辆。他的比我的更新颖，轮胎更粗，他的车是红色的……那一点细微的嫉妒，至今还留在我的记忆里。

我问他的自行车是什么颜色，他说："奥利维埃的是红色，我的是蓝色……"

对于奥利维埃的死，马克父亲这样写道："他还是一个孩子！太残忍，太不公平了！但我们不能怨天尤人。无论是从基督教义，还是从人性上来讲，这样做都没有意义。这是上天的旨意、世界的秩序，我们怎么能够反抗呢！"

卡米耶·吕布，20世纪30年代。

我的父亲

我生在一个传统的资产阶级家庭，我称父亲为“您”，而他称我们为“你们”。我这辈子也许只和他说过10次话。在我16岁时，他去世了。

父亲曾经是个聪明、优秀的年轻人，有文化，又有好奇心。25岁就和两个志同道合的伙伴环游世界。他去过北美洲、大洋洲和远东地区，在柬埔寨还感染了鼠疫。幸好那时鼠疫已经没有那么强的传染性了，所以他被治愈了。多年以后，我们还小的时候，看到他满怀激情地准备去希腊的旅程，相关的书摞起来足有50厘米那么高（马克张开他的长臂，比画着书列的高度）……他是那样热爱文学和绘画，艺术对他而言简直就是信仰。

父亲的哥哥于勒（Jules）本应继承我爷爷的事业成为一名银行家，父亲却觉得他更适合当学者。最终因生活所迫，他还是进入了银行界。他的野心不算大，只买了一座漂亮的房子和一个“小”花园（笑）——只有5公顷，还围着围墙。但之后的第一次施工他就拆掉了围墙（美国之行显然对他产生了影响）。“一战”期间，父亲的哥哥去世之后，我们的生活发生了彻底的转变。父亲和与他同行业的人很不一样，除了我母亲的一个兄弟之外，他很少与人来往。他见多识广，对政治、外交和文化都很感兴趣，喜欢探索精神信仰方面的问题。我们出版了他的日记。

他在 1936 年至 1937 年间阅读了戴高乐（Charles de Gaulle，译者注：法国前总统）的著作，并在巴黎见到了戴高乐。戴高乐的真知灼见让他印象深刻。1915 年，他还与保罗·雷诺（Paul Reynaud，译者注：法国政治家，曾担任法国总理）是战友……

卡米耶·吕布的日记写于 1910 年至 1939 年间，近 600 页，非常值得一看。日记记录了他环游世界的旅程，还记录了 1914 年的战争，涉及当时的政治、外交和民意（BGA Permezel 出版社，里昂，日期不详）。

La Carelle, avril

Je viens avec Papa et Maman de ranger de vieux papiers de famille et d'après les renseignements que nous y avons trouvés et leurs indications, j'ai établi une généalogie des familles Riboud, Velay, Bourgeot et Gerin, c'est-à-dire, de mes quatre grands-parents. Elle ne présente rien d'extraordinaire, cette généalogie et nous ne sortons pas de la cuisse de Jupiter, mais suivant la phrase consacrée, c'est une «lignée de braves gens». Elle est cependant intéressante en ceci qu'elle paraît donner un exemple parfaitement normal de l'ascension d'une famille bourgeoise. Et, comme on sait, les cas normaux sont presque des exceptions. De tous les côtés, je remonte au moins jusqu'aux grands-parents de mes grands-parents, et souvent une génération au-dessus, c'est-à-dire jusqu'au milieu ou au commencement du XVIIIe siècle. C'est à cette époque-là que, des fils de cultivateurs de la Bresse (Riboud) du Rhône (Velay), de la Bourgogne (Bourgeot) viennent se fixer à Lyon où ils s'établissent boutiquiers : guimpiers, passementiers, chandeliers, merciers, miroitiers, marchands de drap, bouchers. Qui étaient-ils ? Peut-être quelques-uns, qu'on retrouve habitant rue Mercière,

266

1912

rue Sainte-Catherine, c'est-à-dire dans les rues marchandes et achalandées du Lyon d'alors. Etaient-ils déjà de gros marchands, des bourgeois d'une certaine importance, comme ces maîtres guimpiers que furent plusieurs Riboud, entre 1745 et 1800. Mais pour les voir accéder avec certitude au gros commerce, il faut attendre les premières années du XIXe siècle, que la Révolution ait passé. Il se trouve alors que deux hommes, Antoine Riboud et Joseph Hobitz ont assez de valeur pour faire un grand pas en avant, pousser leur fortune, et devenir des personnages d'une certaine importance dans le gros commerce de Lyon, la Maison Riboud, soieries et crêpes et la maison Hobitz, pelleteries. Ils sont adjoints au maire de Lyon, administrateurs des Hospices, décorés, etc. De même, Michel Velay est agent de change. A ce moment-là ils s'unissent par le mariage à des familles d'une situation sociale un peu supérieure : Antoine Riboud aux d'Aussigny, mais ceux-ci sans fortune. Michel Velay, aux Bertrand. Par les d'Aussigny, ils touchent à l'aristocratie, par les Bertrand, à une bonne famille de bourgeoisie provinciale (du Puy) qui remonte jusqu'en 1520 : famille de marchands, de notaires, de consuls.

Depuis lors, il n'y eut plus d'étape importante, mais la famille s'est maintenue, sa fortune s'accroissant autant par les affaires, que par les économies et les héritages. En effet, il faut signaler une petite natalité dans ce milieu bourgeois au cours du XIXe siècle, ou, lorsque les enfants sont nombreux, une effrayante mortalité en bas âge (par exemple les sept fils d'Antoine Riboud, et les huit enfants morts jeunes du premier mariage de Louis F. Joseph Hobitz, le frère de Jenny Hobitz).

Deux caractères sont très frappants dans l'histoire de cette famille… Elle est toute entière tirée de la région géographique dont Lyon est le centre d'attraction, à une exception près : Hobitz, venu de Styrie à Lyon au XVIIIe siècle, comme ouvrier pelletier. D'autre part, elle n'a pour ainsi dire pas essaimé : elle est toute entière fixée à Lyon, Saint-Etienne et Villefranche. Ce n'est que par exception qu'on peut signaler, en remontant au début du XVIIIe siècle, une branche des Bertrand fixé à Laval, plus récemment quelques rares lointains cousins fixés à Tours, Paris, Marseille, Alger (et ce ne sont pas ceux qui ont le mieux réussi).

L'unité de carrière est aussi remarquable que la cohésion territoriale : tous les membres de cette famille sont des gens d'affaires et, depuis l'époque où ils ne sont plus boutiquiers, ils ne sortent guère de deux ou trois professions : soierie, draps, banque. Cela reste vrai, même dans la génération actuelle, puisque je ne relève en tout que trois officiers (Tony Riboud, Henri Longin, Albert Gros) trois avocats (Léon Riboud, mon oncle et Julien Riboud) et un prêtre (François Velay). Ainsi, sauf les officiers, pas un fonctionnaire. Il est assez amusant de constater que mes deux frères et moi, nous avons plus ou moins pensé à des carrières publiques. Léon, aux Eaux et Forêts, Jules, à l'armée, moi, à la diplomatie, et que le destin, peut-être de la famille nous a ramenés aux affaires. Léon, seul et le premier, retournant à l'agriculture. Pas un homme politique non plus, mais plusieurs jouant un rôle dans les affaires de la cité

267

et ses œuvres de bienfaisance (surtout les Riboud, aux Hospices Civils : Antoine Riboud, ses fils Léon et Camille et leur neveu Antoine (Papa) furent pendant près d'un siècle, sans interruption, au conseil des Hospices. Enfin, ce qui est à signaler dans une famille de bourgeoisie «bien pensante» et, somme toute, religieuse : un seul prêtre, et une seule religieuse (Marie-Antoinette Balaÿ).

Au point de vue des opinions, il semble, il est vrai, que les idées de ces familles aient été en se fixant de plus en plus solidement vers le Centre-Droit. D'après ce que j'ai entendu raconter par M. Edouard Aynard, il semble que le grand-père Antoine Riboud passait pour relativement «avancé». Son fils Léon, était rien moins que clérical. Presque tous les fils de la famille Riboud et de la famille Bourgeot ont été élevé au lycée.

Les personnalités les plus intéressantes sont : Edmé d'Aussigny, Antoine Riboud son gendre, Léon Riboud, fils du précédent, Jean-Louis Joseph Hobitz, Joseph-Richard Bourgeot, son gendre, Charles Bourgeot, mon grand-père.

Edmé d'Aussigny, cadet de famille, s'arrêta à Lyon, en partant pour un voyage en Italie et ayant présenté une lettre d'introduction à l'Altesse des Dames de Saint-Pierre, le couvent élégant de l'époque, il s'amouracha de Mlle Grivet, fille d'un banquier, et l'épousa. Telle est du moins, l'histoire qui a cours. Il se brouilla avec sa famille, resta à Lyon et fut paraît-il, sympathique au mouvement révolutionnaire à ses débuts... Plus tard, la Révolution le ruina et menacé de la guillotine, il put s'échapper de prison. Cependant, par la suite, il joua un certain rôle, puisqu'il fut le premier Syndic des Agents de change de Lyon. C'était un bel homme, aimant la vie large.

Antoine Riboud, dont j'entends constamment parler, c'est le «Grand-père Riboud», le grand homme de la famille, celui qui a fait fortune. Il y eut d'autant plus de mérite que son père avait disparu (en partant pour les Antilles, en 1788, dit-on, mais pourquoi ?) et qu'il développa en une grosse Maison une petite boutique, fondée par sa mère, rue Grenette. Il épousa Mlle d'Aussigny, de bonne famille, sans fortune, fort jolie, paraît-il. Il fût veuf de bonne heure, avec sept fils, dont un seul se maria ! C'était un homme grand, de bonne santé, gros mangeur, bourru, sans tendresse, ni pour ses fils, ni pour ses petits-enfants, menant une vie très extérieure, aimant le théâtre, homme d'affaires surtout. Il mourut à 84 ans, aveugle, mais ayant conservé toute son intelligence.

Léon Riboud, le dernier de ses fils, avocat, qui ne plaida d'ailleurs jamais, s'occupa d'œuvres sociales (Hospices Civils, enseignement professionnel), il était lié avec un certain nombre de bourgeois lyonnais qui font assez belle figure, hommes d'affaires s'occupant de leur ville et d'œuvres sociales, de culture non pas raffinée, ni artistique, mais intellectuelle et politique, à idées et à vie larges, saines, honorables : les Cambefort, les Mangini, les Tisseur, etc. C'est un type que j'aurai encore connu : avec Edouard Aynard, Joseph Gillet, Auguste Isaac. Lui-même, Léon Riboud, était lettré, il avait une bibliothèque ; quant à son goût «bourgeois», on peut en juger par ce que nous avons de son mobilier et de ses tableaux. Il était fort spirituel. Son frère Camille a été l'«oncle gâteau» de Papa, mais quoiqu'il en parle très souvent, je ne me le représente pas du tout.

J.-L. J. Hobitz, joua dans la famille Bourgeot, le même rôle que le Grand-père Riboud, dans la famille Riboud. Lui aussi, il est «le» grand-père Hobitz. Il est pour moi peu vivant, je me le représente peut-être trop comme un parallèle du Grand-père Riboud : dans mon imagination, il ne s'en détache pas. Tout ce que j'en sais, c'est qu'il était pelletier en gros (ce qui l'entraînait à de fréquents voyages à Leipsick, pour la foire), et son passage à la mairie de Lyon. Son père, celui qui était venu de Styrie, avait dû, raconte-t-on, se sauver au moment de la Terreur, déguisé en colporteur, après avoir été caché plusieurs jours par sa femme dans une tourelle de leur maison. C'est par lui, mais comment ?, que nous sont venus le sceau et quelques papiers de Mayeuvre de Champvieu, échevin de la Ville de Lyon.

Joseph Richard Bourgeot, son gendre, négociant puis banquier à Villefranche-sur-Saône ; ses affaires l'avaient entraîné à beaucoup voyager ; il avait des amis dans le Nord, à Paris, les Cavaignac, d'après ce que raconte Maman. Il aurait été un très brillant causeur, un lettré ; en tous cas il semble bien qu'il était d'un milieu plus raffiné, plus intellectuel que les Riboud à la même époque, et, vivant à Villefranche, il avait des relations avec la petite noblesse du Beaujolais.

Charles Bourgeot, son fils, mon grand-père, me paraît une personnalité remarquable. C'était un grand et bel homme ; il avait de l'allure ; un portrait de lui, genre chromo, en habit bleu barbeau, en fait un jeune homme séduisant. Il aimait le luxe et jouait au grand seigneur. C'est lui qui acheta La Carelle, la transforma, il y vécut en gentilhomme, avec chevaux, chiens, équipage de chasse (il s'était fait nommer louvetier), réceptions régulières d'automne. Je ne sais s'il lisait, mais il aimait les choses anciennes, et ce n'était pas alors le goût banal que possède aujourd'hui tout homme bien élevé. C'est à lui que nous devons que La Carelle soit meublée comme elle l'est, et non pas en Louis-Philippe ou en Napoléon III. Et il s'y connaissait : sa collection d'armes est paraît-il fort belle.

Il voyagea ; il aimait les chevaux ; il était glorieux, hautain, fier, en même temps généreux, comme un grand seigneur naturellement. Aimant la bonne chère, les femmes : un viveur, un beau viveur !

Sur la fin de sa vie plane un mystère : il vécut pendant les quelques dernières années presque séparé de sa femme, en partie à Paris, dans un monde d'artistes, achetant beaucoup et dès lors des choses médiocres, malade déjà. Allait-il à la paralysie générale ? Il est mort brusquement à Lyon dans l'atelier de son fils : attaque, suicide ?

Viveur, oui, mais en même temps homme d'ordre, développant sa fortune. Brillante intelligence. Il eut de grands succès d'homme d'affaires, spécula heureusement. Par exemple, il fit un gros coup pendant la guerre, achetant de la Rente française tant qu'il pouvait. A sa mort, une très grosse partie de sa fortune était en Suez, et

JOURNAL

en Saint-Gobain ; malheureusement on en vendit alors beaucoup, par prudence. Le Comptoir d'Escompte lui faisait une avance en blanc d'un million. Il crut à l'électricité, et, d'ailleurs, perdit de l'argent dans les «Bougies Jokoskow».

Sa femme l'adorait : il était excellent pour elle, et généreux. Ma grand-mère était surtout une femme d'affaires, gérant avec succès, après la mort de son mari, La Carelle et sa fortune. Mais il sut lui donner le goût des choses anciennes, et, comme lui, elle aimait les réceptions, le luxe.

L'inintelligence de son fils fut pour lui une cruelle humiliation, mais il adorait sa fille.

卡米耶·吕布，20世纪30年代。

卡米耶·吕布日记译文

1912 年 4 月，卡拉尔城堡

我和父母到这里来整理家族过去的文件，并根据找到的资料和其中记载的信息整理出吕布、沃莱（Velay）、布尔若（Bourgeot）和热兰（Gerin）这 4 位祖父母家族的族谱。这份族谱并没有什么特别之处，我们也不是从朱庇特（Jupiter）大腿间蹦出来的。但要用一句话来形容这个家族的话，那就是：一个代代相传的本分人家。它之所以引人注意，是因为它是一个典型的上升时期资产阶级家庭。每一个支系都能回溯到曾祖父母那一辈，甚至更早，直至 18 世纪中期或 18 世纪初期。就是在那个时代，来自布雷斯（吕布家族）、罗纳（沃莱家族）及布尔格尼（布尔若家族）地区耕作者的后代来到里昂定居，并开起了店铺，这里有金匠、绦带商、蜡烛商、服饰缝纫用品商、镜子商，以及卖床单的商人和开肉铺的商人。他们是什么人？可能是一些居住在里昂缝纫街、圣凯瑟琳大街等商业繁荣街区的人。他们那时就已经是大商人，是有一定名望的资本家，吕布家族在 1745 年到 1800 年间出过的几位金匠就是典型的例子。但他们真正开始涉及大笔贸易是在法国大革命之后，19 世纪最初的那几年。那时，安东尼奥·吕布和约瑟夫·霍比茨（Joseph Hobitz）具备了迅速发展的能力，他们扩大了自己的资产，成为里昂贸易界具有影响力的人物。吕布商行经营丝绸，霍比茨商行经营皮货。他们当时是里昂市市长助理，负责管理医院，还曾被授勋，等等。同样出色的还有米歇尔·沃莱（Michel Velay），他是位证券经纪人。那时他们与相较自己家族社会地位略高的家族联姻：米歇尔·沃莱与伯特兰家族结合，安东尼奥与奥西尼家族结合，但奥西尼家族并不富有。通过和奥西尼家族联姻，他们与贵族阶层沾了边；通过与伯特兰家族结合，他们攀上了一个不错的外省资产阶级家庭（杜皮家族），其历史可以追溯到1520年，家族成员或是商人，或是公证人，或是领事。

之后我们家族就没有过什么重要的发展了，但还是维持了下来。家族资产不仅通过做买卖，还通过从事金融行业和经营遗产进一步扩大。值得指出的是，19世纪时，这个资产阶级家庭的出生率有些低，或者说虽然孩子很多，但幼年期间的死亡率高得恐怖。

家族的历史有两个特点给人印象深刻。整个家族的历史都围绕着以里昂为中心的一个地区活动，只有一个例外：霍比茨家族于18世纪从施蒂利亚（奥地利）来到里昂，做的是皮货生意。另外，这个家族没有分散开来，全都聚集在里昂、圣－艾蒂安和威利弗朗斯一带。只有在很特殊的情况下，在18世纪早期，我们可以看到伯特兰家族的一支定居在拉瓦勒，更近一些的，寥寥可数的几个远亲（不是最成功的）定居在图尔、巴黎、马赛和阿尔及尔。

家族不但在地域上有凝聚力，在工作领域也出奇地一致——所有家庭成员都是商人。他们的业务涉及丝绸业、被单业和银行业，自从家族走出小商小贩的时代之后，家庭成员无外乎都是这几种职业。直到今天，这一代人还是这样，我只能列出3名做官的[托尼·吕布（Tony Riboud）、亨利·隆然（Henri Longin）、艾伯特·格罗斯（Albert Gros）]、3名律师[莱昂·吕布（Léon Riboud）、我叔叔和朱利恩·吕布（Julien Riboud）]和1名牧师[弗朗索瓦·沃莱（François Velay）]。除了3名做官的，没有1名公务员。有趣的是，我和我的两个兄弟都或多或少地想过到政府做事。莱昂想去林业水利部，于勒想去军队，我想去外交部。但命运，也许是家族的命运，最终把我们带回了商业领域——除了莱昂转行做了农业方面的工作，他是第一个，也是唯一去政府工作的人。我们家族也没有人从事政治方面的工作，但有几人在市政项目中有一定的影响，也有做慈善工作的（尤其是里昂人民医院系统的吕布家族，安东尼奥·吕布和他的儿子莱昂、卡米耶，以及他们的侄子几乎在一个世纪间毫无间断地参与医院的管理）。最后值得指出的是，在这个“观念正统”且全部信教的资产阶级家庭中，只出了1名神父和1名修女[玛丽亚·安东尼特·巴拉伊（Marie-Antoinette Balaÿ）]。

政见方面，我觉得这些家庭的看法的确越来越倾向中右翼。我听M.爱德华·艾纳德（M. Edouard Aynard）说，安东尼奥·吕布的祖父看上去似乎更“前卫”，而他的儿子莱昂则是个地道的卫教士。吕布和布尔若家族几乎所有的男孩都受过高中教育。

这两个家族中最出色的人物为：埃德梅·德奥西尼（Edmé d' Aussigny）和他的女婿安东尼奥·吕布，安东尼奥的儿子莱昂·吕布，让－路易·约瑟夫·霍比茨和他的女婿约瑟夫－理查德·布尔若（Joseph–Richard Bourgeot），我的祖父查尔斯·布尔若（Charles Bourgeot）。

埃德梅·德奥西尼是家里子女中年龄最小的。一次他去意大利旅行，中途在里昂停留。他通过一封介绍信结识了圣皮埃尔修道院的院长，迷恋上了一位银行家的女儿格里韦（Grivet）小姐，并且娶了她（译者注：当时当地有钱人家会把女儿送到修道院学习，因此，通过院长可以接触到银行家的女儿）。这是流传在人们之间的故事。他后来跟家里相处得不和睦而留在里昂，而且好像在大革命开始的时候就支持革命……不久革命失败了，他曾遭遇被推上断头台的危险，但最终从监狱里逃了出来。之后他扮演了一个重要的角色，他曾担任里昂证券经纪人首席理事一职。他相貌英俊，生活挥霍。

我常常听人说起安东尼奥·吕布，他被称为“吕布爷爷”，是家中的一位大人物，是他使家族富裕起来。更不容易的是，他在父亲失踪的情况下（在去安的列斯群岛的路上，奇怪，不知为什么），把他母亲在格雷内特路上创建的小店发展成了一个大品牌店。他娶了不是很富裕但很有名望的奥西尼家的小姐，据说这位小姐长得很美。他一共有7个儿子，妻子很早就死了，而7个儿子也只有1个结了婚！安东尼奥个头高，身体好，很能吃，性情简单、粗暴，他对儿子和孙子一点都不关爱。他爱好戏剧，成天都不着家，是个地道的生意人。他去世的时候84岁，双目失明，但头脑非常清醒。

莱昂·吕布排行最小，是一名律师，但从没打过官司。他做过很多公益活动（医院工作、职业教育），跟不少里昂资本家有交往。这些人都很体面，有些既是商人，又参与市政活动和公益事业，对高雅文化和艺术不太问津，但热衷政治，支持知识分子。这些人很有远见，出手大方，理性而德高望重，比如康伯福家族、曼吉尼家族、蒂瑟尔家族等。在我认识的人中，像这样的还有爱德华·艾纳德、约瑟夫·吉勒特（Joseph Gillet）、奥古斯特·艾萨克（August Isaac）。莱昂·吕布本身就是个文人，他曾有很多藏书。我们可以从他收藏的家具和绘画中看出他的“资本家”品位。他是一个很重视精神生活的人。他的兄弟卡米耶是我父亲的叔叔，对我父亲非常宠爱。尽管我父亲常常提起他，但我总是想不起他长什么样。

让-路易·约瑟夫·霍比茨在布尔若家族中所扮演的角色与“吕布爷爷”在吕布家的角色一样——他被称为“霍比茨爷爷”。他的形象在我印象中并不生动，我可能把他想象得太像“吕布爷爷”了。在我的想象中，他们总是被联系在一起。我唯一知道的是他曾是做皮革批发生意的（所以他经常会去莱比锡集市），还曾参与里昂市的政务。听人说，他那从施蒂利亚来的父亲曾在雅各宾专政时期被妻子藏在家中的小塔楼上，几日之后装扮成小商贩逃了出来。就是他给我们带来了里昂市助理法官马约夫勒·德·尚维厄（Mayeuvre de Champvieu）的印章和文件，但他是怎样弄到的呢？

约瑟夫－理查德·布尔若是让－路易·约瑟夫·霍比茨的女婿，曾是批发商，后来成为索恩河畔自由城的银行家。因为工作原因，他经常四处旅行。听母亲说，他在巴黎有一些朋友，其中有卡芬雅克家族的人。他很健谈，有文化，他看上去比同时期的吕布家族的人更高雅、更有知识一些。他生活在自由城，跟博若莱当地的贵族有一些关系。

查尔斯·布尔若是约瑟夫－理查德·布尔若的儿子，也就是我的祖父。他在我印象中是一个非常出色的人。他高大英俊，举止高雅。有一幅他的彩色肖像画，画中的他身穿淡蓝色服装，看上去年轻又迷人。他喜欢奢侈的生活，出手大方。他买下了卡拉尔城堡并改造了它，在那里过着绅士的生活，有狗、有马，还有狩猎队（他曾被任命为官方猎人）。每年秋天他都会招待朋友，组织打猎。我不知道他是否喜欢看书，但他喜欢所有古老的东西。今天受过良好教育的人都会有这种品位，但在当时是很不寻常的。卡拉尔城堡如今的家具都是他摆设的，既不是路易·菲利浦式，也不是拿破仑三世那样的家具。他非常懂古董，有一批令人称羡的兵器藏品。

他常去旅行，喜欢马，自命不凡且傲慢自负，同时又很慷慨，天生喜好摆阔。他喜欢美食和女人，是个地道的懂得享受生活的人！

他生命的最后时刻充满了神秘色彩。去世前几年几乎不与他的妻子在一起，其中一段时间在巴黎，处在艺术圈里，不论艺术作品质量好坏，购买了很多。那时他的健康已经出了问题，很可能会瘫痪。最终他在里昂他儿子的工作室里突然离世——心脏病，还是自杀呢？

他虽然爱享受，但做事井井有条，把自己的资产一步步扩大。他是个非常精明的人。作为商人，可以说他是非常成功的，每一项投资都很顺利。比如他在“一战”时尽可能多地买了国债，挣了一大笔钱。他去世的时候，很大的一部分资产投在苏伊士运河和圣戈班公司上。可惜人们为了保险起见，卖掉了他的很多资产。法兰西银行当时可以毫不犹豫地借给他 100 万法郎。他曾相信电力的前景，说到这，值得一提的是他在“Jokoskow”牌蜡烛的投资上损失了很多钱。

他的妻子非常爱他，他对妻子很好也很大方。他的妻子也是个商人，他去世之后，他的妻子成功地接管了卡拉尔城堡和他的遗产。而且他对古董的爱好也影响了他的妻子。和他一样，他的妻子也喜欢招待朋友，讲究排场。儿子的愚蠢是他一生的耻辱，但他很喜欢自己的女儿。

父亲之死

第二次世界大战于1939年9月爆发，他是11月去世的（马克犹豫了一下），他在1939年11月30日自杀了……当时没有人告诉我他是自杀的，我被蒙在鼓里。这是一个严重的错误，因为我心里多少有些怀疑，我对自己说："不会是真的，不然他们会告诉我……"我总是在想，为什么我对父亲留下的文字那么感兴趣，对他的日记、去希腊及环球旅行那么感兴趣？我被这个不是秘密的秘密困扰着。他为什么这样做？他经历过战争，从1914年到1918年，他很英勇，受过伤，得过勋章（人们都说那一仗打得很漂亮）。但他不能容忍战争再次爆发，他的哥哥于勒就是在"一战"中被杀害的。有一次吃午餐的时候，7个孩子围坐在餐桌旁，父亲给我们讲述了战争如何惨烈。我假装没听他讲，但其实全部记在了心里。我听他跟大哥让（Jean）交谈，引用罗曼·罗兰（Romain Rolland，译者注：20世纪法国作家，诺贝尔文学奖得主）的和平主义，还用了"惨绝人寰"一词。战争对他的影响太大了，他十分清楚战争的后果。

我看到他躺在停尸床上，额头上有一条伤疤。但我根本没往那儿想，我父亲认为1939年的战争比1914年至1918年的更加惨烈，而且他有3个儿子到了参军的年龄。未来对他而言实在是不可忍受。他爱他的孩子，但他对生活已经心灰意冷了……

我弟弟奥利维埃死后，他很忧郁，他说："从此以后再也不会与我的孩子分开了。"他把我从在蓬图瓦斯混日子的那所寄宿学校接了回来，让家庭教师辅导我完成了那个学年的功课，而且父亲亲自教我地理。后来我留了级，父亲不满意地说："哼！全都是白搭！"

我还记得乘长途汽车的那一幕。11月初，我们有3天假期。父亲把我送上开往里昂的大巴，让我到乡下的家里去。我上了车，他站在外面。两分钟之后他也上了车，对我说："下车，你过两天再去。"我似乎理解他，但又不明白他为什么这样说，我感觉他不想跟我说再见，不确定是否就这么道别。一向坚定的父亲此时毫无底气……长途汽车外，他对我说了些话，但我已经不记得了。后来他又改变主意，让我上车，自己也没下车……最终他下车了。他一再犹豫不决，我能感觉到。长途汽车到站之后，一直担忧的母亲第一句话就问我："你感觉爸爸怎样？"我该回答什么呢？我一句话也没说，我不知道说什么……假期结束以后，我回到了寄宿学校。事发之后，哥哥让来学校接我，他对我说："爸爸生病了，你跟我回去。"他开车驾驶了几公里之后，停了下来，说："他没有生病，他死了。"

大家没有告诉我父亲的死因，因为我"沉默"，他们觉得："他很敏感，容易受影响，不定会有什么样的反应……"对于隐瞒父亲死因这件事，我想了很长时间："我真的很理解他们！"那时我很脆弱。在别人面前我并不会表现出伤感，但我会暗中观察别人在做什么，那些人（举起双臂），那些年长的人 …… 而我是独自一人。生活中有许多的事情不合逻辑。我很少跟父亲交谈，但他给我留下的影响是难以抹去的。

马克坐在卡拉尔城堡的台阶上，身旁是他的母亲和他的兄弟姐妹，20 世纪 30 年代。

弗朗索瓦兹（Françoise）

我的姐姐弗朗索瓦兹为有困难的儿童建了一座收容所，叫拉贝尔热里（译者注：La Bergerie，意为“羊舍”）。她是一位非常出色的女性，有勇气，毫无私心，热爱教育，她把自己的一生都献给了收容所。她来巴黎或里昂的时候我能见到她，我一直都非常支持她。

她的未婚夫在韦科尔（译者注：Vercors，阿尔卑斯山以西的一个地区，“二战”期间反对德国侵略的法国抵抗运动地区之一）被枪杀，之后她一生未婚。1956 年，我开着路虎牌汽车去加尔各答的时候带上了她。我想让她从丧失伴侣的阴影中走出来，她在上博若莱区的生活实在太朴素了。在伊朗，她爱上了世界卫生组织的一位意大利籍医生。这位医生已经结婚并有两个孩子。我的兄弟们不太喜欢这个人，但我觉得他有学问、幽默，能让弗朗索瓦兹快乐。我继续旅行，去了印度，后来又去了中国，整整两年半的时间一直游历在远方，而她则回了巴黎。我回去的时候她有了身孕，并且因此感到幸福。但对于我母亲来说，简直就是悲剧中的悲剧。孩子出生后的一个月，我的姐姐就去世了。为了保住那个孩子，她不顾一切："我有了孩子，我要把她留下。"那是个女孩，当然只能跟了吕布的姓。我非常钦佩弗朗索瓦兹的勇气，因为当时几乎所有家庭成员都反对她的做法。

沐浴后穿衣的两个孩子。上博若莱拉贝尔热里收容所，1951 年。

这是一个不寻常的家庭，也是一个很难相处的家庭。

让

他超乎寻常的聪明，曾经把自己的朋友组成一个俱乐部，因为所有人的名字都叫"让"，于是他们就给这个俱乐部取了个很谦虚的名字，叫作"好人让"俱乐部（译者注：Jeans bien，与法语"Gens bien"同音，意思是"好人"）。让禁止家人越过"好人让"俱乐部的界限，包括比他大 1 岁的哥哥安东尼奥（Antoine）。有一天，他让安东尼奥在门外等了一刻钟："等等，我们还没说完呢……"安东尼奥在 60 年之后还记得那一幕。让就是有点自命不凡，他自信，而且阅历丰富。父亲去世以后，让就成为我们家的"家长"。那时他正在准备财务稽核公务员考试。后来他加入到一个抵抗组织里，但很快在试图穿越西班牙国境的时候被捕，然后被押送到布痕瓦尔德集中营（译者注：Buchenwald，创建于1937年7月，是德国最大的集中营）。我们那时不知道他在哪里，只知道“他被关在德国”。他回来的时候我不在，他也不打声招呼就跑到卢藤西亚酒店（译者注：Hotel Lutetia，巴黎左岸知名酒店之一，“二战”期间曾容纳众多难民，在法国“二战”史中扮演着重要角色）。让的行动非常隐秘，过着深藏不露的生活。他深入艺术文化领域，并累积了巨大的财富，很有经商头脑。

让晚年的时候，我和他的妻子奎师那（Krishna）很谈得来，她收藏了一大批奇特的远东织品，后来都捐赠给了吉美博物馆。

让对哥哥安东尼奥进入工业领域怎么看?

哦！说来话长了……BSN和圣戈班谈并购的时候，我拍了一张照片最能说明问题（译者注：安东尼奥当时是达能集团前身BSN公司的主席，于1968年试图收购法国历史悠久的建材大公司圣戈班，但最终没能成功。让曾是世界上最大的油田服务公司斯伦贝谢的主席）。让出席了安东尼奥的新闻发布会，他一来是为了参加活动，二来就是要让安东尼奥看到他。我坐在第5还是第6排的观众席中拍照片。兄弟之争可不是精神病学家的发明，在《圣经》（*Bible*）雅各和以扫（译者注：Jacob和Esau，《圣经·创世纪》中的人物，为了获得继承权，兄弟反目，但最终和好）的故事中早就有了。让的表现摆明了是说哥哥不是经商的料，不能和他相提并论……

安东尼奥

安东尼奥的为人处世是怎样的?（马克猛地张开双臂。）

安东尼奥·吕布在长城上喂一个孩子品尝酸奶，中国，1983 年。

BSN 时代的安东尼奥·吕布，BSN 后来成为达能集团，《巴黎竞赛报》（*Paris-Match*），1969 年 1 月 18 日。

奔放、有趣，给人以好感，很吸引人，这就是安东尼奥！他风趣、机灵、滑稽，很有幽默感，而且充满活力。他对任何事情都不会太较真，所有人都很喜欢他，但他对待自己在工业领域的目标却一丝不苟。他大胆收购圣戈班，虽然最后没能成功，但从长远角度讲，他为自己赢得了声誉。他很有创意地运用策略，把 BSN 转变成一个食品集团。在那个时代，这种举动独辟蹊径，非常新颖。他总是对别人说，BSN 就像一座大教堂，是他一砖一瓦修建起来的，他已经完全和自己的公司融为一体了。还有一件事情对他非常重要，那就是他门下集中了一批法国重点名校的尖子生。巴黎综合理工学院、巴黎高等商学院的学生为了进入他的公司都挤破了头。他把自己打造成一个“明星”，从众多提供工作岗位的企业中脱颖而出。

他曾经那样地不爱学习，以至于我父亲对他的中学毕业会考做出了这样的断言：“他最好不要去，去了也是失败，不如不去！”他最后真的没有参加毕业会考。安东尼奥是那样无忧无虑、应付自如、幽默滑稽……他小的时候什么也不做，被

《巴黎竞赛报》封面，1969 年 1 月 18 日。

送到瑞士的一所寄宿公寓。他总能狡猾地避开苦差事和令人烦恼的事情。战争时期，他唯一一次受伤是在厕所里。解放法国的时候，里昂的一座桥被炸开，玻璃碎片掉到了他的身上。那段时期，安东尼奥总是在一个能放心说笑、没有危险的地方……

应付自如的安东尼奥把 BSN 从有 10 个孩子的叔叔那里一把抓了过来……马克和安东尼奥两兄弟之间有一个有趣的巧合，他们很偶然地被登在同一期的《巴黎竞赛报》上。一篇是关于越南的报道，刊登了 10 页马克拍摄的照片，名叫《胡伯伯的神秘国度》（见对页图）；另一篇讲的是安东尼奥 · 吕布和他的 BSN，有 3 页……

我们被刊登在同一期报纸上！太有趣了，上面同时有我们俩的大脑袋瓜！

马格南图片社的摄影师和 BSN 的 CEO 在《巴黎竞赛报》上的巧遇的确很奇妙，而 BSN 在不久的将来转变成达能集团……

《巴黎竞赛报》刊登的《胡伯伯的神秘国度》一文，1969年1月18日。

抵抗运动，韦科尔和战后

你是怎样参加抵抗运动和在韦科尔打游击战的？

1940年，我17岁，到了懂事的年纪，但我依旧是那个沉默的马克。我偷偷收听了6月18日的广播，那段演讲让我非常激动（译者注：戴高乐将军于1968年6月18日宣读了《告法国人民书》）。上高中的时候，我的一个朋友姓布洛赫（Bloch），犹太人。老师上课点名的时候，我们喜欢开玩笑为对方喊“到”。叫“吕布”的时候他回应，叫“布洛赫”的时候我回应。下一个学年，我没有再见到他。我打听他的去向，得到的回答是“没有人知道”。参加抵抗运动是由耶稣会的一位神父引荐的，他的名字叫尚蓬（Champont）。我一开始负责分发地下报纸，神父如是说：“有你这样一个良好家庭背景的人加入我们的队伍是一件很好的事。”当时我不太清楚他这句话的意思。后来我就到韦科尔打游击战去了。

袭　击

一天，在韦科尔，有人找志愿者，我不知道为什么举了手……哪怕是在抵抗运动根据地，我也改不了特立独行的性格，这是我的天性。结果我参加了最危险的任务之一。我们这个小团队被安排到了最前沿的阵地中。那里很空旷，而且正对着德国士兵冲出来的地方。在两军发生激烈冲突之地，我们毫无守住阵地的可能，只能拖延时间。如果情况允许，我们本应开始撤退，但那些指挥我们的人心里很清楚，这是一次为了拖延首次突击的自我牺牲的行动。队长叫沙巴尔（Chabal），有一架“巴祖卡”（译者注：反坦克火箭筒）。而我们两人一组，拿的是自动步枪。我和一个副机枪手在一起，开始射击。敌人回击的子弹在我们耳边嗖嗖作响。夜晚，机枪——更准确地说是自动步枪，打不响了，被卡住了。按规定应当往枪管上撒尿，以便给滚烫的枪管降温。但这回根本不起作用，于是我们就要撤退了。就在这时，沙巴尔队长在我们眼前牺牲了。有人命令我们："如果撤退，要带上武器一起走。"于是我们抱着"巴祖卡"火箭筒和各自的机枪撤退，但这些武器都没有弹夹了。

所有的战友都朝着事先约好的撤退方向跑了过去，远离德国士兵出现的地方。而我却朝相反的方向跑，几乎正对着德国士兵的方向。当然，跑的方向有一点偏离，潜入了离德国士兵最近的一处灌木丛。正是这一举动救了我的命，因为躲进灌木丛中，没有人能看见我，而我那些爬上坡的战友则一个接着一个地成了德国士兵的靶子。

我独自在灌木丛里藏了将近一个月，并且活了下来。命运就是在当时那一分钟被决定的，别人往上跑，我往下跑，我是全团唯一这样做的人。生死可能就相差在这一个细节之上，而促使我这样做的正是我的性格，我有那么一点儿特立独行。当然，我也承认是因为我的腼腆，如果和几个人待在一起，我会觉得有些不自在。1944 年，在韦科尔独自撤退的决定救了我的命。其他人三两成群地在一起，其中总会有人不太小心，暴露自己。两个人在一起就会有双倍的危险。我做出的选择完全是一种本能反应。我还是那个沉默的马克……

迷失在山中的小战士

于是我独自待在野外，与世隔绝，随时有可能遇见四处扫荡的敌人。我把自己伪装隐蔽起来，在一个孤寂的环境里待了很久，一连好几个星期。第一天夜幕降临的时候，我决定远离德国士兵。我爬到山顶上，只有很小的一块地方可以容身，而且我知道那里有危险的悬崖。怎样才能避免在夜色和迷雾中跌落，并且翻到山的另一面呢？我一边往下扔石头一边听回声，以便判断哪里的坡会缓一些。当我听到石头滚落的声音比较有节奏的时候，就一步一步在黑暗中摸索向前，寻找下山之路。清晨，到了山下的小路上，我遇见一个农民，他说（当时我的一只耳朵因为被枪声震聋了，完全听不到声音）：“你从抵抗根据地来？不要待在这里，到下边那几间房子里找撒若(Sageot)，你跟他说：‘哎，你的儿子脱险了。’然后离开那里，爬回山上藏起来。等德国士兵都走了之后，我们会在窗户上挂一张床单。”他给了我一些吃的。尽管所有人都尽可能帮助我，但那3个星期我吃得非常少！

将近一个月，德国士兵都没有找到我。有一次，他们从离我很近的地方经过，非常非常近，是一小队运送补给的士兵。我藏在矮树丛中，紧紧地趴在地上。七八个德国士兵拉着骡子几乎从我的鼻子前经过，我甚至连他们皮靴上的纹理都能看清，但他们没有看见我。头几天夜里是焚烧农场的“狂欢”，巨大的火焰投射下的阴影无边无际。我无论如何都不能走出藏身之地，一旦被抓住，就会马上被枪毙。有一个真实的故事，一位战士被抓住后对德国人说：“如果你信上帝，那你就打不中我。”然后纵身跳向悬崖底部的溪谷。德国士兵开了枪，但没有打中他。而他也没有摔死，活了下来。他被人救起并且治愈，之后加入德拉特尔（译者注：De Lattre de Tassigny，法国著名将领，“二战”结束后曾代表法国在柏林接受德国无条件投降）的军队，最终于1944年在阿尔萨斯牺牲。当时有很多这样的故事。

在无尽的孤寂中，我神志不清。某一天，我向一个小村庄走去，想要碗汤或牛奶喝。看到有两位神父，我就对他们说：“你们能听我忏悔吗？”可能是因为我没能拯救自己的战友而感到内疚吧。我的想法很奇怪，不是吗？但我就是这样。

马克撇着嘴笑着加了一句。

结果那两位神父说："好，但你得快点，然后赶紧走。"他们因为害怕受连累而感到很不安。

韦科尔，法国，1994年。

在吃喝方面，我靠喝从苔藓上挤压出来的露水为生。当时的水源是有人看守的，德国士兵非常在行，很多参加抵抗运动的战士在那些地方断送了性命。整整一个月没有下雨，除了有一天……而这一天，德国士兵径直朝我的方向走来。我爬上山坡，走进岩石洞穴的深处，结果没有享受到那场及时雨。之前那个农民和我说德国士兵一走，他就会挂上床单。一个星期过去了，两个星期过去了，始终没见他挂床单。我实在太饿了，已经坚持不住了。一天晚上，我敲了敲他们家的窗户，压着嗓子叫他。农民躲在遮窗板后，没有回答。之后一个声音悄悄地说："快走，德国士兵就在院子里。"我说："我饿了！"他小声说："明天我会在地里磨镰刀，我让一个小孩假装采榛子，你就有面包吃了。"院子里的一座喷泉，有流水的响声。我走的时候德国士兵朝天空开了枪。第二天，我看到了他和他的镰刀，并得到了面包。

无边的孤寂几乎把人压垮。有时我会笑，一个人发笑。怎么能熬过去？没有人知道。只不过熬一天算一天，日复一日……到了晚上，我不知道明天会怎样，而第二天又要面对同样的一天。我活下来了，不知怎么做到的，可能我那时还年轻吧。不管怎么说，我真是绝地求生，别无选择！

穿阿尔卑斯山地作战服的马克和他的朋友艾伯特·巴顿（Albert Potton），1945年。

大姐米歇尔（Mich è le）决定跟安东尼奥一起从里昂出发找我。难以置信的是，他们曾从我隐蔽的地方经过，但我听到汽车发动机声音的时候，我想的是：“哎呀，德国士兵还没走！”结果我又藏了起来。一个月之后，我们见面才知道就差那么一点。一位跑回里昂的战友对我的家人说：“马克受伤了，我们看见他从山坡上滚了下去，被德国士兵就地处决了。”我的家人因此做了一次弥撒，让我的灵魂安息。这个弥撒做得有些早（笑）。

重返人间

当观察到德国巡逻士兵越来越少，并且慢慢离开韦科尔的时候，我徒步穿越整条山脉，朝里昂的方向走去。所有人都以为我死了，给我唱了弥撒曲，而我却出现在安东尼蓬塞广场的红十字会门前，就在我母亲住的那栋楼楼下。母亲当时不在，她跟姐姐弗朗索瓦兹去了上博若莱，安东尼奥第一个见到了我。我当时蓬头垢面，满脸胡子，很瘦，腿上的那条阿尔卑斯作战裤看上去空荡荡的。有个小插曲：第二天我去理发馆改头换面的时候，信不信由你，我旁边的椅子上坐着一个德国士兵，正悠闲地享受着理发服务。安东尼奥骑着小摩托车带我去见母亲和弗朗索瓦兹，她们那时正挣扎于痛苦与绝望中。

姐姐的未婚夫让·弗瓦亚尔（Jean Foillard）牺牲了。他聪颖、优秀、幽默、风趣，没有那种所谓的资产阶级人士的高雅做派。很长时间以来，我母亲都不能接受这个门不当户不对的亲事。而弗朗索瓦兹顽强抗争，一定要改变她的主意。让·弗瓦亚尔和我一起去韦科尔的时候，母亲终于同意了：“好吧，你可以嫁给他。”突袭的前一天，在韦科尔高山上，让对我说：“如果情况不妙，我这里有一个地址，你可以到这个山谷中去。”之后我们就分开了。到达里昂红十字会之后，我听到的第一个消息就是让牺牲了。还记得当时我把包裹摔到地上，怨恨死的人不是自己，想象着这对弗朗索瓦兹而言将会是怎样一个悲剧。人们宣布让的死讯时，她始终不愿意相信。一个幸存的朋友说：“我知道他被埋在哪里。”他去了埋葬点，在尸体上找到了一把钥匙。但弗朗索瓦兹还在否认：“你们看吧，这不可能，这不是他的钥匙……”她走到门前，拿着钥匙插进门锁，并坚信开不了门。然而，钥匙转动了门锁……弗朗索瓦兹顿时昏倒了。

之后我们打听到了让牺牲的细节。他们十几个人被发现并被逮捕，然后被就地处决。还记得到拉卡尔（译者注：Château de Lacarelle，拉卡尔城堡，吕布家族私人城堡）的时候，我看见弗朗索瓦兹坐在台阶上痛哭，哭得那样撕心裂肺。我马上就想：“把生命留在战场上的应该是我，而不是他。”我无时无刻不在想着她的痛苦……

巴黎解放之后你做了什么？

巴黎解放意味着法国的解放，我被重新纳入军队，参加了阿尔卑斯山地作战部队。我出发去了阿尔卑斯山，那里发生了几次雪地战斗，非常艰苦。

之后我跟随山地作战部队去了位于德国的法国占领区。那里山峦起伏，像一个冬季运动场，风景非常优美。在那里，我开始用父亲送给我的徕卡相机拍照，但这仅仅是个开始。

战争结束以后你想做什么？

退伍之后，我回到里昂学习高等数学，准备参加工程师学校的考试。但我很迟钝，总感觉比其他学生学得慢。而且我因是退伍军人而被破格录取，开学之后才入校，所以落下很多课。我当时觉得生活中的方方面面都比别人慢一拍。期末成绩出来，糟糕透顶，只有一门画法几何学得了“优”……

可我还是被里昂中央理工学院录取了，同年级有40名学生。我上了3年学，喜欢滑雪和登山，业余还拍了一些照片。结果3年之后连文凭也没拿到，40个人中只有3个人考试不及格，其中就有我。我瞒着家人，只跟让说了。他的第一反应是："我去见校长！"他走动了一番，但我还是没有拿到文凭……

战后在阿尔卑斯山徒步。

战后在阿尔卑斯山徒步。

战后在阿尔卑斯山徒步。

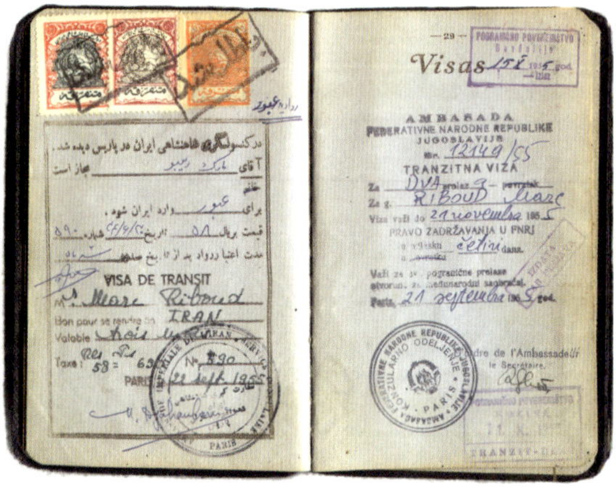

伊朗和南斯拉夫签证，1955 年。

你喜欢登山和滑雪？

我很爱滑雪。战争爆发前，我们全家星期天会去阿尔普迪埃滑雪场，并且当天来回。早晨 4 点半在圣让主教堂做弥撒，然后出发，差不多 8 点 15 分到阿尔普迪埃。全天滑雪，晚上回来。我也喜欢登山，战争结束后我几次登上拉梅热山的山顶，很危险，有时有向导，有时没有。如今我既喜欢攀爬高山，也喜欢漫步平原。

进入马格南图片社以后，我的第一个想法就是到别处去看看，走得越远越好。离开欧洲，改变思维习惯，到广阔的东方去看看不同尺度、不同价值观的世界。在那里，从伊斯坦布尔到上海，我无拘无束，想到哪儿就走到哪儿。

迈向东方的第一步，土耳其，1955年。

1987 年里昂克劳斯·巴比诉讼

1987 年，犯下反人类罪行的盖世太保克劳斯·巴比（Klaus Barbie）在里昂接受审判。这一事件激起了马克对当年抵抗运动和游击活动的怀念，使他回想起了德国人在里昂、格勒诺布尔和韦科尔的镇压。巴比诉讼勾起了这段深刻而重要的回忆，马克就此用激烈的笔触表达了自己的看法。马克拍摄了依齐厄（Izieu）犹太儿童纪念馆，并在 1987 年 7 月 2 日的《新观察家报》（*Nouvel Observateur*）上发表了一篇极富见解、充满激情的文章。

Nouvel Obs 2-7-87

Un grand photographe témoigne

Lyonnais, si vous saviez...

Marc Riboud a revu sa ville natale à l'occasion du procès Barbie. Il raconte, quarante-cinq ans après, ce que fut le Lyon des années noires et montre ce qu'il en reste

Les Riboud, dans les années 40, étaient une grande famille lyonnaise, ce n'était pas encore une dynastie. Les deux fils aînés du banquier Camille Riboud, frères de Marc, de Françoise, Sylvie et Michel, allaient entrer dans la légende de l'économie. Antoine, né en 1918, allait devenir PDG de BSN et de Gervais-Danone en 1973, Jean, né en 1919 et mort en 1985, devait prendre, en 1965, la présidence de Schlumberger, numéro un de la recherche pétrolière. On sait moins que Jean fut déporté à Buchenwald et que Marc, dans le maquis du Vercors, vit mourir le fiancé de sa sœur Françoise, abattu par les hommes de Barbie. Tous les grands reporters ont souvenance d'avoir rencontré leur confrère Marc Riboud, le photographe, sur les cinq continents. Comme en témoigne le dernier livre de ses meilleures images (Marc Riboud, « Journal », Denoël éditeur), celui qui n'était que l'artiste de la famille est devenu l'un des grands de son métier. J.D.

« Les petites Visseaux font les grandes lumières. » Je me souviens de ce slogan publicitaire, le plus fameux de ceux qui couvraient les murs de Lyon dans les années 30. Tous les matins, en allant au lycée Ampère, je passais devant l'usine Visseaux, qui fabriquait des ampoules électriques. Sous l'Occupation l'usine a continué à en produire. Pour les Allemands. Après la Libération, les petites Visseaux se sont éteintes, le slogan a disparu. Mais aujourd'hui il éclaire étrangement mes souvenirs de ces années.

Au lycée, mon professeur de mathématiques était M. Kahn. Un jour, mon père, banquier, l'invite à dîner à la maison et nous passons le prendre en voiture. J'entends encore sa voix timide et étonnée demandant à mon père pendant le trajet : *« Monsieur Riboud, pourquoi m'avez-vous invité ? Depuis deux ans à Lyon, jamais je n'ai été reçu dans une famille lyonnaise. »* C'était en 1937. Plus tard, j'ai compris comment l'attitude pendant la guerre de la bourgeoisie lyonnaise, française, et son antisémitisme avaient ainsi ses racines, des racines politiques.

En effet, de 1936 à 1939, les conversations, les préoccupations des « bons milieux lyonnais » tournaient le plus souvent autour de la haine du Front populaire et surtout de Léon Blum. *« Un juif qui est contre le mariage et pour l'union libre. »* La phrase résonne encore dans mes oreilles.

Mon père passait alors pour avoir des idées « avancées ». On dira plus tard « libérales » ou « progressistes ». Au risque d'offusquer ses pairs, il fut le premier à souscrire à l'emprunt Léon Blum.

Je me souviens des anathèmes lancés quotidiennement contre les communistes, les juifs, les francs-maçons et même les Anglais. C'est alors que la défaite est apparue à certains comme une occasion d'assouvir de vieilles →

Klaus Barbie devant ses juges avec, à gauche, Me Vergès. L'accusé s'insurge contre son arrestation « illégale ».

26 JUIN-2 JUILLET 1987/29

《新观察家报》刊登文章《里昂人，如果你们知道……》，里昂，1987 年 7 月 2 日，克劳斯·巴比审判期间。

haines et de se protéger contre la grande peur du grand soir. Ainsi l'antisémitisme a grandi à Lyon comme ailleurs en France en fournissant un terrain favorable aux répressions nazies.

Aujourd'hui le procès secoue brusquement la mémoire des Lyonnais. L'apparition dans son box de Klaus Barbie avec son allure courtoise et respectable de gentleman engendre une gêne évidente dans la ville.

Si Elie Wiesel peut dire ne pas être fier d'être américain parce que l'honneur de son pays a été souillé le jour où Barbie a été enrôlé dans les services secrets américains, il n'y avait pas lieu d'être fier d'être lyonnais en écoutant le compte rendu signé, le 9 février 1943, « *K. Barbie* », de la rafle, rue Sainte-Catherine, qui a envoyé quatre-vingts hommes, femmes et enfants à la mort. Car les « bonnes familles », les « bonnes sociétés » de notre bonne ville de Lyon, comme de bien d'autres villes de France, « savaient ». Mais elles tenaient à leur bonne conscience. Oui, les Lyonnais savaient les juifs pourchassés, les résistants torturés, comme ils ont su très vite après la Libération la dimension de l'Holocauste. Depuis, en majorité, ils ont préféré le silence. Aujourd'hui, certains regrettent que « *l'on ressasse ces histoires qui ont divisé les Français* ». Et au 12 de la rue Sainte-Catherine, sur le lieu même de ce crime nazi, le plus atroce que Lyon ait connu, on a laissé s'installer un club de sauna-massage dont l'enseigne lumineuse détourne l'œil de la petite plaque commémorative posée par la communauté juive.

Un souvenir amer, non loin de là, à la Maison des Etudiants catholiques. Un père jésuite à la fin de sa messe lance d'une voix ferme : « *Prions pour les juifs persécutés.* » Dans l'ombre de la petite chapelle des sifflements fusent. Le prêtre impassible répète sa phrase. C'était au printemps de 1943. Il fallait alors beaucoup moins de courage que l'on croit pour choisir son camp et rejoindre la résistance. La cause était simple. Le choix aussi.

De retour à Lyon, j'explore l'hôtel Terminus, près de la gare Perrache, qui avait été le quartier général de Barbie et de la Gestapo. L'hôtel est en travaux. « *Je ne veux plus qu'il reste la moindre trace de cette triste période* », me dit le nouveau directeur, avec la dignité d'un homme qui a su être courageux. Je veux voir la chambre 521 dont Barbie avait fait une chambre de torture. Dans l'ascenseur qui me monte au 5e étage, je découvre une cinquantaine de croix gammées tracées au canif sur l'encadrement du menu et sur toutes les parties métalliques. Tout indique que ces graffitis sont récents. Ils me rappellent d'autres inscriptions pronazies que j'ai vues et photographiées ces derniers jours dans le quartier d'Ainay, de Saint-Jean et près du palais de justice, associées aux slogans du GUD, du CLAN et du Front national.

On a refait les baignoires de l'hôtel Terminus, quartier général de la Gestapo. Par la fenêtre de la chambre 521, les suppliciés pouvaient voir le clocher de Sainte-Blandine...

L'emploi du temps retrouvé des enfants d'Izieu. Chaque semaine, deux heures d'éducation civique, trois heures de morale...

Dans le grenier de la maison d'Izieu, d'où 44 enfants juifs partirent pour la mort, il reste un pupitre et un matelas. Rien n'a bougé depuis avril 1944.

26 JUIN-2 JUILLET 1987/81

28 LE NOUVEL OBSERVATEUR/NOTRE ÉPOQUE

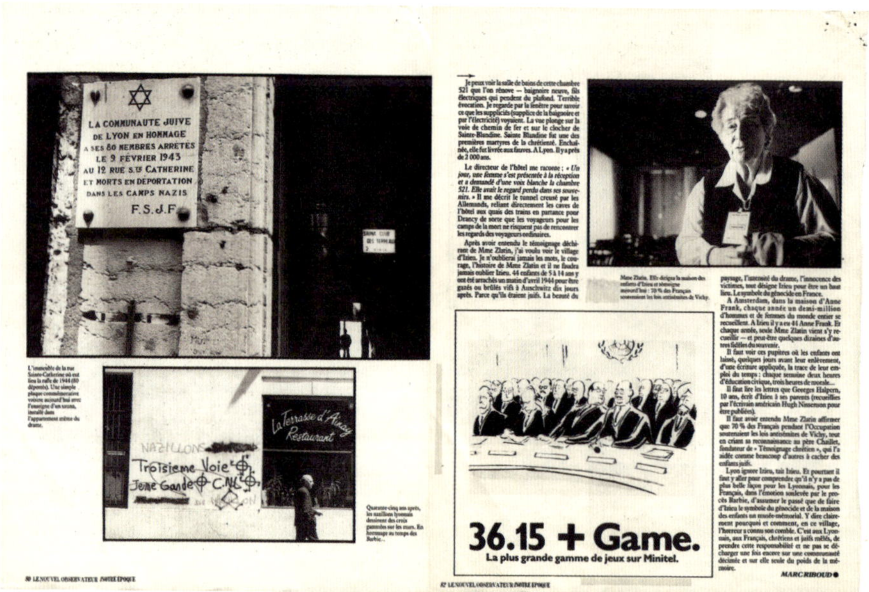

L'immeuble de la rue Sainte-Catherine où eut lieu la rafle de 1944 (80 déportés). Une simple plaque commémorative voisine aujourd'hui avec l'enseigne d'un sauna, installé dans l'appartement même du drame.

Quarante-cinq ans après, les nazillons lyonnais dessinent des croix gammées sur les murs. En hommage au temps des Barbie...

Je peux voir la salle de bains de cette chambre 521 que l'on rénove — baignoire neuve, fils électriques qui pendent du plafond. Terrible évocation. Je regarde par la fenêtre pour savoir ce que les suppliciés (supplice de la baignoire et par l'électricité) voyaient. La vue plonge sur la voie de chemin de fer et sur le clocher de Sainte-Blandine. Sainte Blandine fut une des premières martyres de la chrétienté. Enchaînée, elle fut livrée aux fauves. A Lyon. Il y a près de 2 000 ans.

Le directeur de l'hôtel me raconte : « *Un jour, une femme s'est présentée à la réception et a demandé d'une voix blanche la chambre 521. Elle avait le regard perdu dans ses souvenirs.* » Il me décrit le tunnel creusé par les Allemands, reliant directement les caves de l'hôtel aux quais des trains en partance pour Drancy de sorte que les voyageurs pour les camps de la mort ne risquent pas de rencontrer les regards des voyageurs ordinaires.

Après avoir entendu le témoignage déchirant de Mme Zlatin, j'ai voulu voir le village d'Izieu. Je n'oublierai jamais les mots, le courage, l'histoire de Mme Zlatin et il ne faudra jamais oublier Izieu. 44 enfants de 5 à 14 ans y ont été arrachés un matin d'avril 1944 pour être gazés ou brûlés vifs à Auschwitz dix jours après. Parce qu'ils étaient juifs. La beauté du paysage, l'intensité du drame, l'innocence des victimes, tout désigne Izieu pour être un haut lieu. Le symbole du génocide en France.

Mme Zlatin. Elle désigna la maison des enfants d'Izieu et témoigne aujourd'hui : 70 % des Français soutenaient les lois antisémites de Vichy.

A Amsterdam, dans la maison d'Anne Frank, chaque année un demi-million d'hommes et de femmes du monde entier se recueillent. A Izieu il y a eu 44 Anne Frank. Et chaque année, seule Mme Zlatin vient s'y recueillir — et peut-être quelques dizaines d'autres fidèles du souvenir.

Il faut voir ces pupitres où les enfants ont laissé, quelques jours avant leur enlèvement, d'une écriture appliquée, la trace de leur emploi du temps : chaque semaine deux heures d'éducation civique, trois heures de morale...

Il faut lire les lettres que Georges Halpern, 10 ans, écrit d'Izieu à ses parents (recueillies par l'écrivain américain Hugh Nissenson pour être publiées).

Il faut avoir entendu Mme Zlatin affirmer que 70 % des Français pendant l'Occupation soutenaient les lois antisémites de Vichy, tout en criant sa reconnaissance au père Chaillet, fondateur de « Témoignage chrétien », qui l'a aidée comme beaucoup d'autres à cacher des enfants juifs.

Lyon ignore Izieu, tait Izieu. Et pourtant il faut y aller pour comprendre qu'il n'y a pas de plus belle façon pour les Lyonnais, pour les Français, dans l'émotion soulevée par le procès Barbie, d'assumer le passé que de faire d'Izieu le symbole du génocide et de la maison des enfants un musée-mémorial. Y dire clairement pourquoi et comment, en ce village, l'horreur a connu son comble. C'est aux Lyonnais, aux Français, chrétiens et juifs mêlés, de prendre cette responsabilité et ne pas se décharger une fois encore sur une communauté décimée et sur elle seule du poids de la mémoire.

MARC RIBOUD ●

《新观察家报》译文

一位伟大摄影师的见证

里昂人，如果你们知道……

利用克劳斯·巴比审判的机会，马克·吕布重新回到了他的故乡里昂。他讲述了里昂45年前的那个黑暗时代，并阐明了那个年代留下的影响。

吕布家族在40年代仅仅是里昂的一个大家庭，还没有成气候。银行家卡米耶·吕布有很多孩子，其中最年长的两个儿子是安东尼奥和让，即马克、弗朗索瓦兹、西尔维亚和米歇尔的兄弟，他们即将开创他们传奇的金融生涯。1918年出生的安东尼奥将会成为BSN的主席，并于1973成为热韦尔达能集团的主席；让生于1919年，卒于1985年，在1965年成为全球最大的油田服务公司斯伦贝谢的主席。鲜为人知的是，让曾经被遣送到布痕瓦尔德集中营，马克曾经在韦科尔参加游击，并亲眼看见他姐姐弗朗索瓦兹的未婚夫被克劳斯·巴比的手下杀害。所有知名的记者都记得曾在各大洲与他们的同行马克·吕布相遇过。那个家族中的艺术家最终成长为他的行业中最伟大的人之一，最近出版的汇集马克最精彩照片的影集《日记》（*Journal*，德诺埃出版社）就是一个明证。——J. D.（译者注：文章引言作者名字的缩写）

“点点灯火，可以汇聚成光明”[译者注：这句广告语是一个文字游戏，法语有句俗语叫“涓涓细流可以汇聚成河”（Les petits ruisseaux font les grandes rivières）。这个灯泡广告语是“小小的维索灯泡可以汇聚成光明”（Les petites Visseaux font les grandes lumières）]，我还记得这句广告语。那是30年代里昂街头最常见的广告。每天早上去安培高中的路上，我都会经过制造电灯泡的维索工厂。法国被占领之后，灯泡厂依旧运行，为德国人生产灯泡。法国解放之后，灯泡厂“熄灭了”，广告从此也消失无踪。但是今天，这幅广告奇怪地照亮着我对那些年的回忆。

上高中的时候，我的数学老师是科恩先生。一天，我父亲请他吃饭，我们开车去接他。我父亲是个银行家。还记得老师在路上用惊讶而腼腆的声音问父亲：“吕布先生，您为什么要请我吃饭？我在里昂住了整整两年，从来没有被一个里昂的家庭邀请过。”那时是 1937 年。不久之后，我明白了战争期间里昂的资产阶级乃至法国的资产阶级的态度和反犹太主义的根源是怎样形成的，尤其是政治根源。

事实上，1936 年到 1939 年间，那些“尊贵的里昂人”的话题和忧虑主要围绕的是对人民阵线党，尤其是对莱昂·布鲁姆（译者注：León Blum，曾 3 次出任法国总理，出生于犹太家庭）的仇恨。那句话还在我的耳边回响：“那是个反对婚姻、支持自由恋爱的犹太人。”

在别人眼里，我父亲是一个思想“前卫”的人，后来人们又说他“自由主义”或者“进步主义”。他冒着惹同类人反感的风险，成为第一个接受莱昂·布鲁姆为保卫国家所发行的国债的人。

我还记得那时整天都能听到对犹太人、共济会，甚至是英国人的诅咒。法国的失败于是就成为某些人发泄他们的仇恨，保护自己不受“那个夜晚”威胁的机会。于是反犹太主义势力就在里昂和法国其他地方壮大了起来，给纳粹的镇压提供了滋润的土壤。

今天的审判猛然间激起了里昂人的回忆。当克劳斯·巴比风度翩翩地出现在被告席上，一种明显的不适笼罩着这座城市。

如果说埃利·威塞尔（译者注：Elie Wiesel，美国犹太裔作家）因为美国情报局雇用了克劳斯·巴比，玷污了国家的荣誉，而不会为自己的国家感到骄傲的话，那么当里昂人听到 1943 年 2 月 9 日克劳斯·巴比亲笔签名的汇报，讲述他怎样在圣凯瑟琳大街搜捕犹太人，把80个男人、女人和小孩推向死亡时，也不应当为自己感到骄傲。因为里昂这座优良的城市，以及法国其他城市的那些“优良”的家庭和“优良”的政府对此罪行“心知肚明”。但是他们并不为此感到惭愧。是的，里昂人知道犹太人被追杀，抵抗运动者被拷打折磨，法国解放之后他们也很快得知大屠杀的规模。但从那以后，他们中的大部分人选择了沉默。今天还有些人对“重提历史，分裂法国人”表示遗憾。而在圣凯瑟琳大街12号，就在里昂有史以来纳粹犯下罪行最残酷的地方，人们任由一个桑拿按摩俱乐部安装招牌灯光，把人们的视线从犹太社团安置的小纪念牌上转移开来。

不远的地方，在天主教学生之家有一段苦涩的回忆。一位神父在结束弥撒的时候，用坚定的口吻说：“让我们为被迫害的犹太人祈祷。”小祭台黑影中响起一片嘘声。而神父不动声色地重复他的话。那是1943年的春天。那个时候选择阵营，参加抵抗，并没有我们现在想象的那样需要多大的勇气。理由很简单，选择也不难（译者注：因为那时战争已经接近尾声）。

回到里昂，我去探查离佩拉什火车站不远的终点站酒店，那里曾是克劳斯·巴比和盖世太保的总部。酒店正在维修。新接管的老板以一个拥有勇气的男人的姿态庄严地说：“我不想在这个地方留下丝毫那个悲伤时代的痕迹。”我要去看521号房间，那里曾被巴比用来施刑。在把我送到5楼的电梯上，我发现了五十几个用小折叠刀刻下的纳粹符号，分布在按钮周围和电梯所有的金属部位上。所有的一切都可以看得出这些符号是新近刻上去的。这让我想起最近在艾奈、圣让街区和法院附近看到和拍摄到的那些支持纳粹的符号。这些符号常常与法国极右翼学生团体、CLAN团体和国民阵线党的标语一同出现。

我可以看到521房间的浴室，那里正在维修，有一个新的浴缸，电线还挂在天花板上。多么可怕的回忆。我从窗口向外望去，想看看那些被折磨的人当时能看到什么（酷刑包括浴缸窒息和电击）。从窗口可以俯瞰到铁路和圣布朗丁教堂的钟楼。圣布朗丁是基督教最早的殉道者之一，她曾被锁链锁着拉去喂猛兽，就在里昂，距今 2000 年。

酒店老板还向我讲述另一位女士的情况："一天，一位女士出现在酒店前台，冷冷地说她要去看 521 号房间。她目光恍惚，完全沉浸在回忆中。"他还给我描述德国人挖的地道。地道连接酒店地下室和德朗西纳粹集中营方向的站台，为的是使去往死亡集中营的旅客的目光不与普通旅客的目光接触。

听了兹拉亭（Zlatin）女士令人心碎的见证之后，我打算去依齐厄村看看。我永远也不会忘记兹拉亭女士的话语、勇气和故事。我们也不能忘记依齐厄。1944 年 4 月的一个早晨，44 个 5 到 14 岁的孩子被夺走，并于 10 天之后在奥斯维辛集中营被活活烧死或被毒气毒死，就因为他们是犹太人。优美的风景、惨烈的悲剧、被害者的无辜，所有的一切都使依齐厄成为具有重要意义的地方。

阿姆斯特丹安妮·弗兰克之家（译者注：犹太女孩安妮·弗兰克纪念馆）每年都会有来自全世界的 50 万人前去默哀。依齐厄有 44 个"安妮·弗兰克"，而每年只有兹拉亭女士前去默哀，也许还有几十个其他不愿忘记历史的人。

应该看看那些孩子留下的课桌，就在被带走的几天前留下的工整的字迹，还有他们的课程表，每个星期都有 2 小时的政治课和 3 小时的品德课……

应当看看 10 岁的乔治斯·哈尔彭（Georges Halpern）在依齐厄给他的父母写的信［美国作家休·尼森森（Hugh Nissensson）收集发表］。

应当听到兹拉亭女士证明在德国占领期间70%的法国人支持维西政府的反犹太法案，同时又高喊着感激《基督教周刊》的创始人沙耶（Chaillet）神父，和很多其他人一样帮他们隐藏犹太儿童。

里昂无视依齐厄，对依齐厄闭口不谈。然而只要你去那里就会明白，在审判巴比群情激愤之际，没有比建立一个儿童纪念馆，把依齐厄变成种族灭绝的象征更好的方式，能让里昂人，或者说是法国人，担负起历史的责任。有足够多的事实可以诉说惨烈的历史是为什么和怎样在这个村庄达到顶点的。所有的里昂人及法国人，无论信奉基督教还是犹太教，应当共同担起历史的责任，而不是又一次把责任推到受尽苦难的社会群体那一边，让他们独自承担这一段沉重的回忆。

马克·吕布

亨利、卡帕、马格南

我是怎样成为摄影师的

将马克引上职业摄影生涯道路的是亨利·卡蒂埃－布列松，我问马克是怎么与布列松相遇的。

我哥哥让从布痕瓦尔德集中营回来之后到龚布鲁（Combloux）疗养院治疗肺病。这个地方知识分子和名人云集。他在那里遇见了亨利的妹妹尼科尔·卡蒂埃－布列松（Nicole Cartier-Bresson）。尼科尔曾在抵抗运动中担任无线电报员，之后成为一名女诗人。让非常爱她，可到了谈婚论嫁的时候，身为共产党员的尼科尔希望让也能入党。她不愿意在教堂里结婚，可是让又不想让自己的母亲伤心。总之，我家人讲到他们的故事时都是这么说的。我就是通过让认识了亨利·卡蒂埃－布列松。我拍了一些蒂涅大坝的照片，亨利对我说："你把这些照片拿到法新社给他们看。"我的摄影生涯就这么开始了……

亨利曾经对我说："你是一名好摄影师。"但他又加了一句："如果你想进马格南，就得去见卡帕。"

马克，1952年。

马克见到了罗伯特·卡帕（Robert Capa），卡帕马上就把他纳入自己的羽翼之下，并对他关爱有加。他显然很清楚自己所面对的是什么样的人。卡帕对他说："你要到伦敦去生活，你太腼腆了，该去找找女朋友、学学英语……"

于是我在伦敦待了几个月。我没找女朋友，也没好好学英语……（笑）但我拍了几百张照片，并从卡帕那里学到了很多。

罗伯特·卡帕

卡帕很喜欢我，常给我打电话，还到伦敦来看我。他不仅给我很多建议，还在经济上支持我。在大家的特殊照顾下，我每天不断进步。卡帕对我很好，给了我很多温暖。在马格南图片社，我无论遇到什么事都会向卡帕诉说。他并不是个"硬汉子"，也根本不是那种喜欢冒险的人。我那时在记者编辑和其他摄影师面前会有些紧张，卡帕不紧不慢地给我指引方向，向我传输经验。相比之下，亨利则与他不同，经常给我下恐吓式的命令："你要去看普鲁斯特的书……你应该喜欢博纳尔的画……"

马克承认，这两位导师用风格迥异的方式使他最终塑造成自己。

1954 年 3 月，卡帕在他住的酒店里，当着我的面向当时英国规模最大的周刊《图画邮报》[*Picture Post*，相当于《生活》（*Life*）杂志的规模] 的领导说："你应该发表我拍的诺曼底登陆的那张照片！"当时报社正在准备诺曼底登陆十周年纪念的内容，就是 1954 年 6 月那一期。"你的那张照片？不行，不可能，我们这一期都是彩色照片。"（而 1944 年 6 月 6 日卡帕在奥马哈海滩拍摄的那些著名的照片都是黑白的。）卡帕说："没有什么不可能，我们应该登这一张！"那张照片最终被选中，卡帕的人格魅力让人无法拒绝他的要求。也正是因为这样的魅力，卡帕帮我拿到了一个去利兹（Leeds，英国城市）拍摄的任务。《图画邮报》当时在做一个城市系列的主题，但这个主题已经结束了。卡帕对周刊主编史普纳（Spooner）说："应该让马克去利兹，他会拍得很好。他是里昂人，里昂是座雾都，和利兹一样令人悲伤。"

卡帕在他酒店的房间里会见各大报社的老板，都是别人来见他，而不是他去见别人。他的威望在英国和美国的报刊行业中是无与伦比的。

我最后一次见卡帕是1954年在伦敦的时候。他躺在一个浴缸里（他经常在浴缸里会客），向我宣布了一个预言："记住，摄影已经完蛋了，电视将会取而代之。"他那时正准备去东京。

马克则去了利兹，并迫不及待地等待同行的记者早日离开，以便独自进行拍摄。

回到伦敦以后，马克把他在利兹拍的照片放到了《图画邮报》老板的办公桌上。

史普纳对我说："卡帕死了，比肖夫死了（译者注：Werner Bischof，沃纳·比肖夫，瑞士摄影师）。"真是晴天霹雳！在我脑海里，卡帕已经不拍战争题材了，1945年战争不是已经结束了吗……宣布他死讯的同时，我也明白了卡帕究竟意味着什么，他是怎样的一个传奇，怎样一位有影响力的人物。在巴黎，马格南图片社陷入一片混乱，所有人都感觉自己变成了孤儿、鳏夫或者寡妇。正是因为人们喜爱他，所以才愿意和他一起工作。他死之后，几位女摄影家很快就离开了马格南图片社，没有了他，图片社对她们来说就毫无意义。

卡帕这一代人经历过许多战争，如果没有这些经历，他就不会成为战地摄影师。他不像某些人那样有冒险精神，但追随危险是人类的天性，

利兹，英国，1954 年。

利兹，英国，1954 年。

而被战争洗礼过的男人更讨女人喜欢。卡帕不是一个花花公子，可他的魅力足以融化女人的心。英格丽·褒曼（Ingrid Bergman）也难以招架，可卡帕不喜欢好莱坞的圈子，他们很快不欢而散。卡帕热衷于行动，哪里有重要的事情发生，哪里就有卡帕，哪怕是在诺曼底的登陆艇上……

他喜欢谈论政治、美酒，喜欢谈论他的朋友或是护照之类的问题，却从来不提及摄影。从女人到五星上将，人人都被他的魅力所吸引。当时海明威（Hemingway）想结交卡帕，而不是卡帕去找海明威。在史坦贝克（译者注：Steinbeck，美国作家，曾获 1962 年诺贝尔文学奖）描写战后苏联的一本书中，卡帕因忍受不了史坦贝克的性格而写了一篇诙谐的文章——《史坦贝克在莫斯科的举止和为人》（*Comment Steinbeck se comporte à Moscou*，译者注：卡帕与史坦贝克一起到苏联进行采访报道，回来之后史坦贝克写了一篇报道，其中有卡帕的照片和文字）。有一天，卡帕和一帮摄影记者在阿姆斯特丹皇宫里，他对礼仪司长说：“皇后向我眨了一下眼，让我到她那里去。”然后他就和皇后在一起待了两天，而且是皇后府邸唯一被允许进出的外人。他那次的报道题为《皇后与我》（*The Queen and I*）……

无国籍人士、世界主义者、犹太人，说着一口“卡帕语”，也就是会用任何一种语言与人交流，但是没一样精通，他是纳粹最不喜欢的那种人。在马格南图片社，大家都支持犹太人，反对纳粹。如果说亨利对摄影的要求是严肃的，对美学和道义都是一丝不苟的，那么卡帕却是从不较真儿的。如果账上没了钱，他就去玩股票。他很聪明，一眼即能判断出你是什么样的人。他让人心悦诚服，并且能够与任何人和解。人们从不知道他住在哪里，他没有公寓，只住酒店，或者在新的女性朋友那里住。他去世以后留下的是几套非常高雅的西装，还有一些未付账单……卡帕不适合生活在悲观的世界中，因为他从不悲观。他可以像尤利西斯（Ulysse）那样应付自如，像印第安恶作剧者（译者注：Trickster，印第安文化形象）那样狡黠，也可以像费加罗（译者注：Figaro，法国作家博马舍的政治喜剧《费加罗的婚礼》中的主人公），或是鲁尔塔比伊（译者注：Rouletabille，侦探小说《黄屋奇案》中的人物），但绝不会是一个悲观的人。他自由、独立，是他给新闻摄影带来了根本性的转折。他维护了作品的版权，为新闻摄影的独立性闯出了第一步。照片的签名、对版权的尊重、尺寸的大小、图片说明……如今想要保持新闻摄影的独立性，比当年更难，但卡帕所做出的这些努力是不可或缺的。

他从不向后看。我可以肯定他不善于把自己的照片存档。他精神自由，而且立场分明。比如在西班牙，他站在了共和党人那一边，并只拍摄了他们。

我给马克看卡帕拍的一张照片，照片上的毕加索（Picasso）庄重地举着一把太阳伞行走在沙滩上。

弗朗索瓦丝·吉洛和毕加索 [右一是毕加索的侄子贾维尔·比拉托（Javier Vilato）]，法国戈尔夫-瑞昂海滨浴场，罗伯特·卡帕拍摄于 1948 年 8 月。

对我来说，这张照片的气氛最有代表性。卡帕没有“拍摄”毕加索，而是“花时间”与毕加索在一起。他们之间的关系是热烈、友好的，与政治或者西班牙内战毫无关联。

（也不是以记者的身份拍摄毕加索？）是的。

在马格南图片社的生活

卡帕和亨利·卡蒂埃－布列松曾在马格南图片社担任过举足轻重的角色。那时马格南图片社刚刚成立不久，我亲眼见证了那个年代。亨利思维更缜密、更有逻辑性，拍的照片显然更好。他们的性格如此之不同，以至于很难谈到一起。卡帕对待亨利的态度有些傲慢，甚至有时会讥讽他。马格南图片社只能由卡帕来管理，亨利没有能力处理实际问题。他们对未来的看法完全不一样。卡帕想壮大马格南图片社的队伍，招收更多的成员，亨利则完全不同意。

米歇尔·舍瓦利耶（Michel Chevalier）管理期间提过同样的问题，他当年也有这样的野心，可惜 40 岁就去世了。他有很多主意和计划。他明智地说服我们扩大业务范围，去为一些比较大众的报刊工作，比如《巴黎竞赛报》，以便让大家的作品能够在更多的报刊上发表。

从一开始，各种困难就伴随着马格南图片社，而卡帕的死无疑是一场灾难。亨利毋庸置疑地担任起了图片社精神、新闻和艺术各个层面决策者的角色。亨利的人格对马格南图片社的所有摄影师影响都非常大，人们每天都在形式的问题上纠缠不休……比如我的好朋友恩斯特·哈斯（Ernst Haas），一个敏感而细腻的人（他拍摄的《最后的俘虏的回归》太好了），有一天问我：“你觉得你的照片的构图比我的好吗？”他这样问是因为图片社内部受亨利的影响曾发起了一场辩论。亨利会当众说出这样的话："（某人）不会构图。"这很伤人。他特别看重规则，有时候太过了。

最后的俘虏的回归，维也纳，恩斯特·哈斯拍摄于1947年。

能经历马格南图片社的传奇时期，我觉得非常自豪。它是唯一一家以品质来评判一个人的图片社。对马格南图片社来说，品质比销售和经济上的收益更重要，这就是它的高尚之处。要管理好马格南图片社，需要懂得驾驭各种问题，调解成员之间的突发危

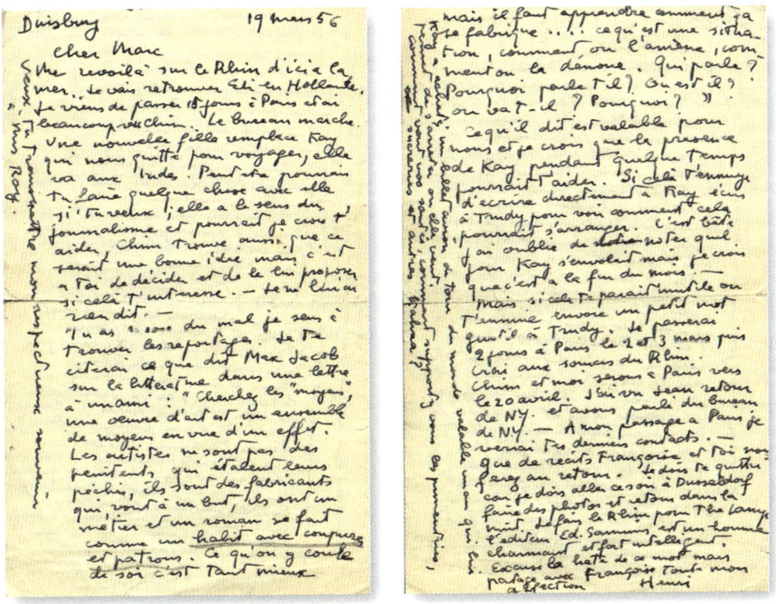

Duisburg 19 mars 56

Cher Marc

Me revoilà sur le Rhin d'ici à la mer. Je vais retrouver Eli en Hollande. Je viens de passer 15 jours à Paris et ai beaucoup vu Chim. Le Bureau marche. Une nouvelle fille remplace Kay qui nous quitte pour voyager, elle va aux Indes. Peut-être pourrais tu faire quelque chose avec elle si tu veux ; elle a le sens du journalisme et pourrait je crois t'aider. Chim trouve aussi que ce serait une bonne idée mais c'est à toi de décider et de le lui proposer si cela t'intéresse. — Je ne lui ai rien dit. —

Tu as [illegible] du mal je sens à trouver les reportages. Je te citerai ce que dit Max Jacob sur la littérature dans une lettre à un ami : "Cherchez les "moyens", une oeuvre d'art est un ensemble de moyens en vue d'un effet. Les artistes ne sont pas des pénitents qui étalent leurs péchés, ils sont des fabricants qui vont à un but, ils ont un métier et un roman se fait comme un habit avec coupures et patrons. Ce qu'on y coule de soi c'est tant mieux

mais il faut apprendre comment ça se fabrique ... ! ce qu'est une situation, comment on l'amène, comment on la dénoue. Qui parle ? Pourquoi parle-t-il ? Où est-il ? où va-t-il ? Pourquoi ? "

Ce qu'il dit est valable pour nous et je crois que la présence de Kay pendant quelque temps pourrait t'aider. Si cela t'ennuye d'écrire directement à Kay écris à Trudy pour voir comment cela pourrait s'arranger. C'est bête j'ai oublié de noter quel jour Kay s'envolait mais je crois que c'est à la fin du mois. — Mais si cela te paraît inutile ou t'ennuie envoie un petit mot gentil à Trudy. Je passerai 2 jours à Paris le 2 et 3 mars puis [illegible] aux sources du Rhin. Chim et moi serons à Paris vers le 20 avril. J'ai vu Jean [illegible] de NY. et avons parlé du Bureau de N.Y. — A mon passage à Paris je verrai tes derniers contacts. — [illegible] de récits Françoise et toi [illegible] au retour. Je dois te quitter car je dois aller ce soir à Dusseldorf faire des photos et retour dans la nuit. Je fais le Rhin pour The [illegible] l'éditeur Ed. [illegible] est un homme charmant et fort intelligent. Excuse la hâte de ce mot mais [illegible] avec Françoise toute mon affection

Henri

亨利·卡蒂埃-布列松的信，1956年3月19日。

机，这些矛盾往往是非常棘手的（马克曾担任过一段时间马格南图片社欧洲部的副主席）。在我任职期间，马格南图片社只有很少的摄影师，不到 20 人，现在的马格南图片社今非昔比了。

我保留了亨利的 50 多封信件。我第一次到东方长途旅行的时候，他给我写了很多长信。信中满是地址、建议等，以及当时马格南图片社内部出现的各种问题。

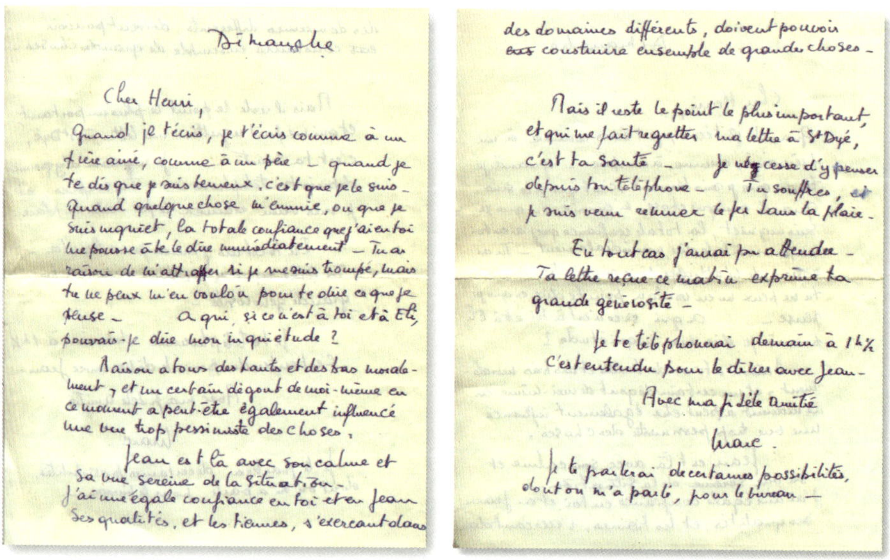

Dimanche

Cher Henri,

Quand je t'écris, je t'écris comme à un frère aîné, comme à un père — quand je te dis que je suis heureux, c'est que je le suis — Quand quelque chose m'ennuie, ou que je suis inquiet, la totale confiance que j'ai en toi me pousse à te le dire immédiatement — Tu as raison de m'attraper si je me suis trompé, mais tu ne peux m'en vouloir pour te dire ce que je pense — A qui, si ce n'est à toi et à Eli, pourrais-je dire mon inquiétude ?

Nous avons tous des hauts et des bas moralement, et un certain dégoût de moi-même en ce moment a peut-être également influencé une vue trop pessimiste des choses,

Jean est là avec son calme et sa vue sereine de la situation — J'ai une égale confiance en toi et en Jean ses qualités, et les tiennes, s'exerçant dans des domaines différents, doivent pouvoir construire ensemble de grandes choses —

Mais il reste le point le plus important, et qui me fait regretter ma lettre à St Dyé, c'est ta santé — Je n'ai cessé d'y penser depuis ton téléphone — Tu souffres, et je suis venu retourner le fer dans la plaie —

En tout cas j'aurai pu attendre —

Ta lettre reçue ce matin exprime ta grande générosité —

Je te téléphonerai demain à 1h½

C'est entendu pour le dîner avec Jean —

Avec ma fidèle amitié

Marc.

Je te parlerai de certaines possibilités, dont on m'a parlé, pour le bureau —

马克的信。

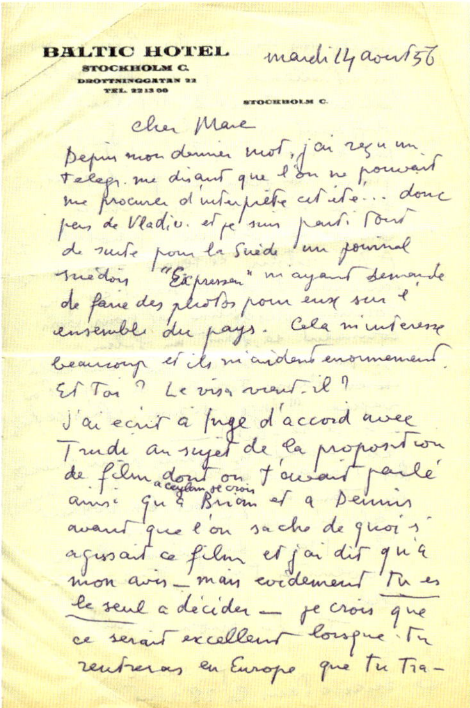

BALTIC HOTEL
STOCKHOLM C.
DROTTNINGGATAN 22
TEL. 22 13 00

mardi 14 aout 56

STOCKHOLM C.

Cher Marc

Depuis mon dernier mot, j'ai reçu un telegr. me disant que l'on ne pouvait me procurer d'interprète cet été... donc pas de Vladiv. et je suis parti tout de suite pour la Suède un journal suédois "Expressen" m'ayant demandé de faire des photos pour eux sur l'ensemble du pays. Cela m'interesse beaucoup et ils m'aident enormement. Et Toi ? Le visa vient-il ?

J'ai ecrit a Inge d'accord avec Trudi au sujet de la proposition de film dont on t'avait parlé a Ceylan je crois ainsi qu'a Brian et a Dennis avant que l'on sache de quoi s'agissait ce film et j'ai dit qu'a mon avis — mais evidemment Tu es le seul a décider — je crois que ce serait excellent lorsque tu rentreras en Europe que tu Tra-

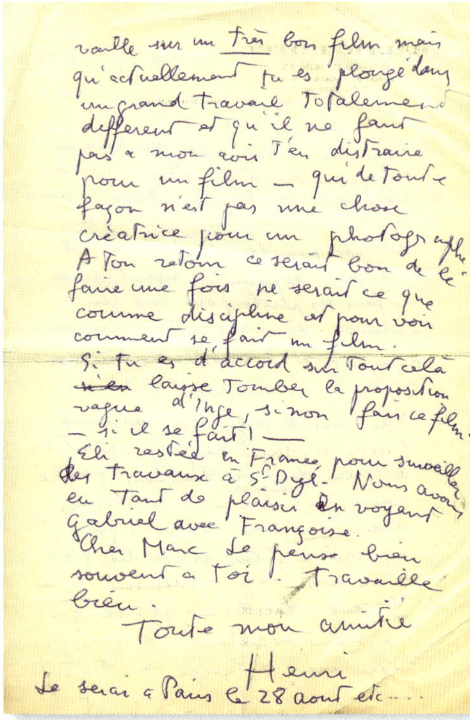

vaille sur un très bon film mais qu'actuellement tu es plongé dans un grand travail Totalement different et qu'il ne faut pas a mon avis t'en distraire pour un film — qui de toute façon n'est pas une chose créatrice pour un photographe. A ton retour ce serait bon de le faire une fois ne serait ce que comme discipline et pour voir comment se fait un film.

Si tu es d'accord sur tout cela laisse Tomber la proposition vague d'Inge, si non fais ce film — si il se fait! —

Eli restée en France pour surveiller des travaux à St Dyé. Nous avons eu Tant de plaisir en voyant Gabriel avec Françoise.

Cher Marc je pense bien souvent a toi. Travaille bien.

Toute mon amitié

Henri

Je serai a Paris le 28 aout etc...

亨利·卡蒂埃–布列松的信，1956年8月14日。

亨利·卡蒂埃 – 布列松

我刚认识他的时候，每天都会见到他，我给他当了几个月的助手。他很愿意花时间来教我，但他吹毛求疵，常常因为细节问题闹得不愉快。

我和马克谈起亨利·卡蒂埃 – 布列松有一种特殊的脾气：他不能容忍别人在公众场合给他拍照，并会因此大发雷霆。

亨利会做出激烈的反应，当众和人闹翻。他曾经和我闹了整整一年的脾气，伴随着他毫不留情的辱骂。之后，他又突然和我和好了。为了支持安娜·法罗娃[1]（译者注：Anna Favora，艺术史学家、评论家）在《七七宪章》（*Charta 77*，捷克斯洛伐克反体制运动象征性文件）上签名，我们又重逢了。过去的仇怨就这样一笔勾销，被忘记了。亨利的脾气是来得快去得也快。他是个热血沸腾的人，靠本能行事，但有时很暴戾。和他一同生活，绝对需要有圣人一样的精神境界。但他给你的建议，以及他讲的绘画、政治和文学却十分引人入胜。在他王者风范的教导下，我受益匪浅。他建议我该看什么书、该去什么博物馆、该拥护什么政治信仰、该拍什么照片、不该拍什么照片。人生中，能受到这位“霸主”的教导是件幸运的事，但时间不能太长。

谈到巴黎“五月风暴”（译者注：于 1968 年春天在法国发生的学生运动）的时候，我给马克看巴黎里昂路街垒的那张照片，里面的亨利·卡蒂埃 – 布列松在街垒的另一边面对着他。

他也在行动，拿着相机对准我，我也对准他。他对我喊：“我拍到

1. 安娜·法罗娃曾是布拉格博物馆摄影部的负责人。签署《七七宪章》当天她丢掉了自己的工作，同时也失去了护照和驾照。她与约瑟夫·苏德克（Josef Sudek）交往密切，使他的作品闻名于世，并从事异见人士活动多年。她为捷克年轻摄影师组织地下摄影展。她影响了年轻的寇德卡（Koudelka），给他看卡蒂埃 – 布列松和其他人的经典摄影作品。

照片中的亨利正在拍马克，巴黎，法国，马克拍摄于 1968 年 5 月。

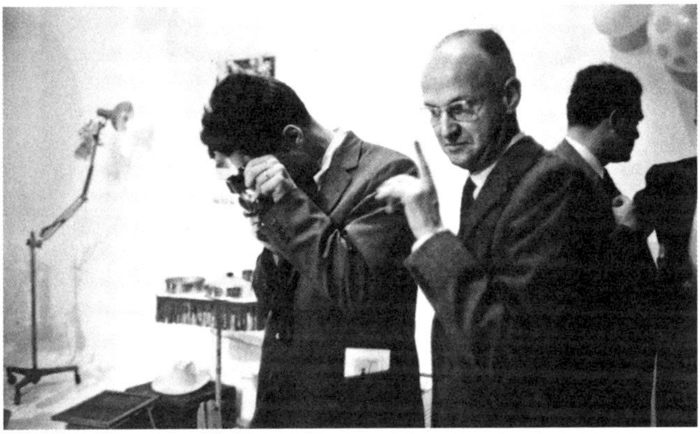

亨利·卡蒂埃－布列松（竖手指的人）给艾略特·厄韦特（Elliott Erwitt）上课，1960 年。

你了！”毫无疑问，我肯定被拍在他的某一张底片上，但他从没有给我看过这张照片，也许他觉得这张照片不能给人看。他给自己制定了严格的要求，照片要保留黑边，绝不改变原片是他遵守的教条。很久以后，马丁·弗兰克（译者注：Martine Franck，布列松的妻子，马格南图片社成员）对我说：“我在小样里找找这张照片。”但没有找到，看来还要靠在马格南图片社档案部工作的诸位读者了。

“我是个对国际时事敏感的旅行者”

我不是记者……

拍摄照片之前，你会不会受到政治环境的影响？

我并不是这样着手做事的。对我来说，最重要的是到现场去，到那里我再看情况。当然，我会听一听人们的说法，看一看法国和英美的报纸。但这些都不是重点，最重要的是我所看到的东西，在我全神贯注拍摄时瞬间捕捉到的东西。没有政治观念，也没有对形势的研究和论证。拍照前我不会辨明这是什么“story”（译者注：情节）。我没有记者的思维方式，我是摄影师，但不是记者。

我是一个容易被同化情感的旅行者。的确，遇见一些人或者经历一些事之后我会拍下照片，报社对此感兴趣，但我从来没有按照报纸的意愿安排自己的工作，尤其不会在出发前接受报社的拍摄任务。我拒绝他们的任务是为了能自由拍摄。我的项目都是些“自主项目”，不觉得非得向谁汇报工作。新闻不就是这样：报道，汇报。不是吗？

马克与伯特·格林（Burt Glinn）和安娜·奥博伦斯基（Anna Obolenski），纽约，美国，20 世纪 70 年代。

再者说，我不认为摄影能够改变世界，但通过它可以看到世界的改变。我总是保留着精神的独立性，这种精神是和不受约束的好奇心联系在一起的，一种完全自由的好奇心。无论是今天还是将来，我都会尝试比报纸上所说的了解得更多，我不会因为他们发表我的照片而对他们完全信任。大家都把照片交给报社，给得太多了！报社拿到照片之后就任意处置。在这些被送到报社的大量照片之中，只有极少数会被刊登。99% 的照片都被扔进垃圾桶！

弗朗索瓦·洛雄（François Lochon）拍摄，巴基斯坦，1977 年。

可当你去拍摄阿尔及利亚独立、1968 年“五月风暴”或是伊朗的伊斯兰革命，总要事先预测时事走向，并且通过照片阐述你对事件的分析和看法吧？

是的，但对我来说最重要的是在突发瞬间产生的本能，并且能够以我所追求的方式构造出图片。一句话，要有迅速的反应，尤其在视觉方面，要把握住这个特殊的时刻。如果你看了我在巴黎拍摄的“五月风暴”那些照片，就会明白吉尔·卡隆（译者注：Gilles Caron，法国摄影师）才是真正的记者。我的照片更“图像化”，而没有他那么“新闻化”。

首先是构图，怎样做？为什么？

对我来说是条件反射。我先构图，然后记录。而记者的反应应该是先记录。他们有拍摄任务，还有时间限制。（他们不得不去报道，）要“盒子里有东西”，（他们一定要拿到“情节”，）以完成任务。

而我脑子里所想的永远是构图。就算在一条再平常不过的街上，我站在一定距离之外观察，就会突然有个景象吸引我，或者说是向我张开双臂。我的生活就是这样，下意识地行走并观察，下意识地去“看”，但不会看自己的脚踩在哪里（笑），也不是为了向读者交代什么。这就是我的方式。

这不是亨利教给我的。亨利让我懂得图形、几何及构图的重要性。他说我有“几何天赋”。

有人天生会唱歌，而我天生会看。有的人工作强度很大，到处不停地“扫射”，这样的方式拍不出好片，只能靠运气和数量，偶尔拍出一两张好的。而气定神闲地四处漫步才是我的方式。仅仅是简简单单地看，我就能乐在其中。我是一个比较懒的人。

这张风景照是我透过车窗拍摄的，当时我坐在汽车后座上，静静地等待时机到来。我从一开始就顺着自己的秉性，自由旅行。我用 6 个月的时间一路开车到印度，待了一年之后又继续旅程，去了中国。但我的确没有想过要发表照片、上杂志封面或者做一期报道。我在旅途中结交朋友，我生活的方式就是做一个流浪者。尼古拉·布维耶（Nicolas Bouvier）这种旅行作家和我是同一类人，没有具体的计划，但随时窥伺周围的一切。

马克在长城上，中国，1957 年。

中国，K. S. 卡罗尔（K.S.Karcol）拍摄于 1965 年。

圆形的石头，平遥，中国，2001年。

运河边奇特的倒影，荷兰，1994年。

敏锐的旅行者……越南

拍摄政治题材的图片也是马克的强项。我询问他有关越南战争期间在越南北方和南方所做的大量报道，以及他在北京乃至华盛顿这些冲突所涉及的地区所做的报道。

马克给我讲解他的照片，还拿出他在《生活》、《巴黎竞赛报》、《亮点》（*Stern*）和《世界报》（*Le Monde*）上发表的专题。这些专题都不是照片，而是马克的访谈和文章……

举着拳头的男子，天安门广场，北京，中国，1965 年。

天安门广场，举着拳头的人

我和卡罗尔[2]在中国度过了几个月。他是一个不寻常的人，曾经参加过苏联红军的战斗，又被关进古拉格劳改营，后来逃脱了……夜里他会做噩梦，惊恐地叫喊，但他很有礼貌地将此事提前告诉我，让我不要惊慌。这张照片拍摄的是胡志明访问中国时支持北越的人在游行。事先并没有任何消息，但我预感到了。前一天我看见有人在做准备，还在长安街上搭起了厕所……我感觉会有游行，我得到现场去。很快我们就经历了这场盛大的游行，我真有先见之明（笑）。从技术角度讲，这张照片有些小缺点：那个戴帽子的人没对准焦，不完美，左边的那个人也拍虚了。但这与革命时的咆哮和高举拳头的氛围很配。这是一张当街立取的典型照片。这张照片非常抢手，经常被出版社使用。

中国—越南

1965 年的第二次北京之行，我们受到了周恩来总理的接见。下午 4 点，接见推迟了。有人对我说："请稍等，我们会叫您。"我们一直等到夜里 11 点才被告知可以见面了。我们终于被接见了——在凌晨 4 点！周恩来总理那时就是这样，整夜工作。他在一个会客厅内接见我们，有两名翻译，还有卡罗尔和我。周恩来总理问我："你这是第二次来中国吗？"我紧张地一下站了起来回答他的问题。就我一个人站着，其他人都坐着，所有人都被我的举动惊呆了。我那时还年轻，42 岁，也不算很年轻，但也不算老。真不知道我为什

2.《新观察家报》的知名记者，著有《索力克，一位在战时俄罗斯经历磨难的波兰青年》（*Solik, tribulation d'un jeunePolonaisdans la Russieen guerre*，法雅出版社 1983 年出版）一书。

周恩来和马克，1965年。

么会这么做，会有这种孩子般的举动……为了让我放松，他笑着说："摄影师在记者之前被问到，这还是头一次。"他竖起的两根手指并不是胜利"V"的意思。他对我们说："我在法国学到了两样东西（所以竖起两根手指）：第一，马克思主义；第二，列宁主义。"（笑）

越南，南北双方

记者和评论家马克

我对政治感兴趣，但是是以我自己的方式：他们是什么样的人，怎么生活，怎么思考，怎么处理政事及忍受苦难，什么事情会触动他们的笑点……无论是国家首脑，还是生活在炮火中的人们或战士，我都会这样观察他们。也有很多人拍摄了这场战争。罗杰（译者注：Roger Pic，法国摄影师、记者）可能因为曾是共产党员，也曾经专注拍摄北越。我则往来于南北两边。

马克给我看了他在《世界报》上发表的3篇文章。那时《世界报》还不发照片，这就体现出马克撰写文章方面的天赋。马克是一名记者，而且不是一名随便的记者！

这是我写这些文章以来第一次打开这个档案盒子……

《世界报》，1967年4月7日，《核动力航空母舰上，和轰炸越南北方的水手在一起》。

“企业号”航母为“自由贸易”护航！那时并没有人给我派任务，没人会想到给这艘航母做个专题。我需要申请一张许可证，并且毫不费力就得到了。文章发表在了西班牙的一家杂志上。

周恩来，中国，1971 年。

A BORD D'UN PORTE-AVIONS NUCLÉAIRE

Avec les pilotes qui bombardent le Vietnam du Nord

Par MARC RIBOUD

Le plus gros du monde

(Lire la suite page 2, 4e col.)

Avec les pilotes qui bombardent le Vietnam du Nord

(Suite de la première page.)

Bonne conscience

Des prières et des bombes

L'ordinateur sait tout

Défense de la libre entreprise

MARC RIBOUD

《世界报》，1967 年 4 月 7 日。

《世界报》，1968 年 4 月 13 日，《来自顺化的信—— 一座被屠杀的城市》。

顺化战争。我这样说可能对同行不太好，但管不了那么多了。这些同行中都有谁去了顺化？顺化，越南的格尔尼卡（译者注：Guernica，1937 年 4 月，在西班牙内战中，德国纳粹的空军轰炸了该镇，该事件激发了毕加索创作其极负盛名的作品《格尔尼卡》）。当时在越南的记者应该有几百名，但我在顺化的 10 天里只遇到了两名——两名日本电视台的记者。

LETTRE DE HUÉ

UNE VILLE ASSASSINÉE

Par MARC RIBOUD

Hué, ... avril. — Si le Vietnam avait besoin d'un symbole, il en a maintenant un : c'est Hué. Hué restera le Guernica du Vietnam.

Il faut avoir vu les tombes un peu partout dans la ville, les ruines sur les deux rives de la rivière des Parfums, les débris de la citadelle et du palais impérial, les miettes des fameux vases « bleus de Hué », les ruines des églises et des temples bouddhistes, des écoles et de l'université, pour comprendre ce qu'est qu'une ville assassinée.

Mais qui va voir Hué ? (Et pourtant Hué peut « donner à voir et à penser »). Il y a actuellement au Vietnam quatre cent quatre-vingt-quinze journalistes de tous pays. Or, pendant les dix jours que je viens de passer à Hué, j'en ai rencontré deux : deux Japonais (d'une grande chaîne de télévision nippone) ; les Japonais sont experts en matière de ruines.

La rivière des Parfums divise la ville en deux : la rive droite, c'est l'université, les écoles, le quartier résidentiel ; la rive gauche, la citadelle, les palais, la vieille ville. Sur les deux rives ce sont partout, aujourd'hui, des ruines. Les vieux guides disent que la ville, ainsi que la citadelle, était « un océan d'arbres ». Aujourd'hui, pas un arbre qui n'ait été tronçonné, haché, écorché par les bombes ; pas un seul cocotier, ni un goyavier, ni un manguier, ni un grenadier, qui n'ait été touché. Pas un banc public (ils étaient nombreux dans les parcs) qui n'ait été cassé ; pas un poteau électrique (signe extérieur du XXe siècle dans ces villes principales d'Orient) qui ne soit tordu ; pas un pare-brise de voiture ou de camion qui ne soit troué de balles ; pas une maison qui ne soit détruite ou endommagée. Les statistiques officielles le disent : sur la rive gauche 100 % des maisons touchées, 65 % détruites ; sur la rive droite, 85 % touchées, 50 % détruites. En tout 18 000 maisons endommagées ou détruites sur les 20 000 que comptait la ville.

Les victimes ? 4 100 civils tués, 4 500 blessés graves. Les morts ont été enterrés sur place : un talus de terre, un nom sur une brique ou sur un carton, une fleur et les offrandes, quelques fruits et grains de riz, ainsi que le veut le rite bouddhiste. Ces petits mamelons de terre, on les voit partout : dans les parcs, au pied des arbres, sur les bords de la rivière ; certains ont la taille de très jeunes enfants. Des décombres on retire encore des morts. A l'hôpital, des blessés, dans les camps de réfugiés, des enfants, meurent tous les jours. J'ai vu les petites tombes alignées près du dortoir dans la cour du lycée Quôc-Hoc.

Ce lycée est aujourd'hui le plus grand centre de réfugiés. 6 700 hommes, femmes, enfants y campent, entassés dans les salles de classes qui accueillaient en tout environ 800 élèves. Les conditions d'hygiène sont indescriptibles : salles obscures, enfumées par les multiples petits feux sur lesquels chacun tente de faire cuire son riz, chaque famille partageant souvent le petit espace alloué avec les poules et les chiens qu'elle a pu sauver. Devant moi, des enfants sont blessés par la chute de gravats tombant du plafond éventré par les récents bombardements. Dans la salle de géographie, les cartes « Vidal-Lablache » de France, des Etats-Unis, servent de litière.

Il y a vingt-sept centres de réfugiés semblables à Hué. A la mi-février, on comptait 113 000 réfugiés dans la ville ; aujourd'hui leur nombre est descendu, dit-on, à 87 000. Dans tous ces camps, aucune présence d'une autorité, d'une organisation quelconque.

Des bombardements aveugles et systématiques

L'hôpital, près du lycée, offre le spectacle le plus horrible. On croirait une fosse de pestiférés où personne n'ose entrer : 900 malades, la plupart des blessés, comme abandonnés à eux-mêmes. Huit médecins vietnamiens, me dit-on ; pas ou presque pas de médicaments ; aucune asepsie ; les blessés sont plusieurs sur ce qu'il est difficile d'appeler un « lit », par terre, sous les lits, puanteur, mouches... des enfants, aveugles, brûlés par le napalm ; des enfants avec des membres amputés, des pansements jamais refaits. Pas de cris, pas de pleurs, ils n'ont plus la force ; dans les cours, entre les pavillons, des tombes hâtives.

Devant la grille (défoncée par les bombes) de cet hôpital, des camions américains passent en interminables convois dans un bruit infernal et soulevant un nuage de poussière ; ils emportent des armes, des munitions, des troupes vers le Nord, vers Quang-Tri. Je crois que pas un seul Américain n'a franchi cette grille. Il est inconcevable que l'on laisse ainsi des gens mourir lentement.

Qui est responsable de tout cela, de tous ces morts, de toutes ces ruines ? Sur chaque arbre, sur chaque pan de mur, une affiche, une inscription : le gouvernement répond : *« C'est le Vietcong. »* Cette campagne est la seule manifestation visible des autorités dans la ville ; une débauche de papier.

Les passants n'arrachent pas les affiches, mais ils ne les croient pas. Ils ne croient plus à rien, et surtout pas à Saigon. Toutes les remarques entendues, toutes les conversations accusent les Américains et leurs bombardements aveugles et systématiques. Les Américains eux-mêmes disent avoir vu des passants cracher sur leur passage. L'amertume, le ressentiment sont profonds et universels.

Chacun apporte des détails. On raconte comment tel quartier a été bombardé pendant quatorze jours alors qu'aucun Vietcong ne s'y était jamais trouvé. Comment la porte est de la citadelle tenue par deux tireurs vietcongs a été rasée, ainsi que tout le quartier très dense qui l'entoure, par un tir et un bombardement de quatre jours.

Le pillage des uns la discipline des autres

J'ai été hébergé, pendant mon séjour à Hué par un couple de professeurs vietnamiens ; tous les deux avaient fait trois ans d'études (doctorat en littérature française) à Paris. Peu après mon arrivée, Mme Q.N. me dit :

« Nous avons subi leur bombardement, leur occupation, leur pillage ; ils nous ont tout pris : notre télévision, notre argenterie, nos deux appareils photo, notre cognac rapporté de France, notre linge. »

Mme Q. N. poursuit : *« Notre appartement, comme tous ceux de la Cité universitaire, a été occupé par le P.C. des « marines » américains, pendant un mois. Nous étions réfugiés dans une église avec nos cinq enfants. Deux de mes enfants sont tombés malades, je suis revenue à l'appartement pour chercher des médicaments ; il n'y avait plus rien, l'officier me dit : « Ce sont les Vietcongs qui » vous ont volée » — je savais que ce n'était pas vrai ; je n'ai pas pu le dire. »* Ils m'ont tous deux raconté comment ils ont vu arriver les soldats nord-vietnamiens dans la nuit du 31 janvier. *« Ils sont restés dix jours dans tout le quartier, ils ne sont jamais montés dans l'appartement, où nous étions restés ; ils ont creusé des trous individuels devant notre maison que l'on voit encore ; ils semblaient très disciplinés ; ils avaient leur riz dans leur ceinture de toile. »*

Les habitants de Hué ont été impressionnés par la discipline des Vietcongs et des Nord-Vietnamiens. Un missionnaire français, ne cachant pas ses sentiments anticommunistes, m'a parlé de la discipline et de la correction des Vietcongs qui ont occupé son collège pendant douze journées ; certains y avaient été élèves. Ce missionnaire et deux autres religieux français ont été arrêtés par le Vietcong alors qu'ils allaient se réfugier dans l'église des Pères rédemptoristes à quelques centaines de mètres, car les bombardements y étaient moins à craindre. Ils racontent comment ils ont été relâchés vingt-quatre heures plus tard, après avoir été fouillés et questionnés ; l'un des pères transportait la caisse du collège : 600 000 piastres ($ 5 000, 25 000 F.F.), mais aussi des dollars et quelques pièces d'or. En les relâchant, les Vietcongs leur ont rendu les 600 000 piastres (*« ils n'avaient jamais vu tant d'argent »*) après les avoir comptées et recomptées, en leur montrant qu'ils n'en soustrayaient pas un centime. Ils ont confisqué l'or et les dollars, en estimant que *« cela ne pouvait faire partie d'une comptabilité régulière du collège »*.

Les soldats nord-vietnamiens et vietcongs n'ont pas pillé ; ils payaient le riz qu'ils achetaient. Tous les habitants le disent.

On a parlé des fosses communes où des civils auraient été enterrés après exécution par le Vietcong. J'ai demandé à plusieurs reprises aux autorités américaines et gouvernementales de me les montrer. Plusieurs demandes ont été sans succès. Finalement, un officier américain nous promet un hélicoptère et une visite. Il nous dit : *« Cette fosse est dans la proche banlieue de Hué et il n'est pas prudent de s'y rendre par la route. »* En hélicoptère avec le petit groupe de Japonais, nous arrivons très vite au-dessus d'un terrain vague, l'hélicoptère tournoie et repart ; l'officier nous dit que le pilote ne veut pas se poser, car il n'a vu aucun drapeau gouvernemental sur les maisons avoisinantes, c'est donc suspect, et il ne serait pas prudent de se poser. Nous n'aurons pas pu voir ce lieu d'exécution et cette fosse. Il semble que pendant leur présence dans la ville les autorités vietcongs aient procédé à des arrestations et certaines exécutions de « collaborateurs » et « agents secrets ». Certains ont été dénoncés par la population. On entend aussi des gens reprocher certaines dénonciations faites par des « locaux » (ils dénomment ainsi les Vietcongs, en opposition aux « réguliers », soldats nord-vietnamiens) et comportant des règlements de comptes ou vengeances personnelles. Des jeunes ont été mobilisés et emmenés dans les montagnes ; certains ont pu choisir de rester, certains sont revenus.

Si les habitants de Hué ont été impressionnés par la discipline des soldats de l'offensive du Têt, ce n'est peut-être pas surprenant. Car à Hué, aujourd'hui, ce qui est pire que toutes les ruines, c'est l'absence de toute autorité, de toute discipline, de tout ordre, de toute conviction. Le président Thieu, dans un discours à Saigon, a promis aux sinistrés de Hué, à chacun, 10 000 piastres (400 FF, 80 $), dix sacs de ciment et dix plaques de tôle. Même cette promesse n'a pas vu un début de réalisation sur place.

Les troupes sud-vietnamiennes ne donnent pas une meilleure impression ; on peut voir les soldats traîner dans les rues, une bouteille de whisky à la main. De jour comme de nuit, on tiraille partout, pour s'amuser, pour faire des gerbes dans la rivière, pour faire du bruit.

Le ressentiment contre les Américains

Le palais impérial de Hué n'était peut-être pas une des merveilles du monde. Construit par Gia-Long en 1804, plusieurs de ses bâtiments avaient déjà été démolis au moment de la guerre avec les Français, il y a vingt ans. Certains bâtiments avaient été reconstitués. Mais il était pour beaucoup, au Nord comme au Sud, un haut lieu de la tradition et de la culture du Vietnam. Les porcelaines — les « bleus de Hué » — étaient uniques et très belles. Elles sont aujourd'hui presque toutes en miettes.

La citadelle est entourée d'une muraille et de fossés de 10 kilomètres de long, du style des fortifications de Vauban. Au centre se trouve un carré, la cité impériale, au milieu duquel est placé un autre carré, la cité pourpre interdite, où vivait le roi. Jusqu'en 1945 c'est là que l'empereur Bao Dai tenait sa cour. Les palais portent des noms qui évoquent l'influence chinoise, pékinoise. Ils ont tous été endommagés. Le « Lieu de joie éternelle », le « Belvédère des mille bonheurs », le « Pavillon pour le respect de la pensée de l'âme », ont été saccagés par les bombes. Le bâtiment *« réservé aux eunuques quand ils ne sont pas de service »* et les « écuries des éléphants » n'ont pas été épargnés.

Le Palais du trône ou de « la Paix parfaite » n'a reçu qu'une bombe ; le trône est toujours debout. On ne s'est pas battu dans la cité interdite, le saint des saints du palais impérial. Entouré de fossés et de murs, l'endroit se prêtait parfaitement à la défense ; des souterrains (qui permettaient aux concubines de gagner la chambre du roi) auraient favorisé les défenseurs. Et pourtant, lorsque au matin du 23 février les troupes gouvernementales ont franchi le pont d'Or (que le roi seul était censé fouler) et investi le palais, ils n'ont rencontré aucune résistance ; ils lançaient des grenades derrière chaque mur. Personne, tous les Nord-Vietnamiens étaient partis dans la nuit sans tirer un coup de feu. Ce dernier épisode de la bataille de Hué a surpris tout le monde, et on spécule encore sur sa cause. Faut-il la trouver dans l'information parue il y a quelques années dans le très vénérable *Bulletin des amis du Vieux-Hué : « Le roi seul et les reines mères avaient le privilège de mourir dans l'enceinte de la Cité interdite »* ? Les Nord-Vietnamiens ont-ils voulu respecter ce code impérial (qui n'est pas si ancien) ?

Il semble plutôt que les troupes nord-vietnamiennes aient voulu éviter le reproche d'avoir détruit le palais impérial.

Que pensent, que croient, que souhaitent aujourd'hui les habitants de Hué ? Ils ne semblent plus croire à personne et à rien. Des fonctionnaires, des professeurs, fuient, quittent leur poste, se réfugient à Da-Nang ou à Saigon. Ils ont peur d'une nouvelle attaque nord-vietnamienne. Ils savent que lorsque les troupes nord-vietnamiennes ou vietcongs se trouvent quelque part la réaction américaine est aveugle et terrible. Ils parlent ouvertement de leur mépris pour les autorités de Saigon *(« Qui peut avoir confiance en eux ? Qui peut les respecter ? »)* et de leur ressentiment contre les Américains *(« Ils sont responsables de ces ruines »)*.

Et parmi les intellectuels l'accusation ou l'étiquette, de communiste immédiatement donnée par beaucoup d'Américains à quiconque exprime seulement un sentiment d'indépendance ou un ressentiment envers leur présence armée ou leur politique ne semble pas avoir diminué, surtout depuis les troubles bouddhistes de 1966, les rangs de ceux qui sont contre l'Amérique. C'est vrai à Hué encore plus que partout ailleurs au Vietnam du Sud.

《世界报》，1968 年 4 月 13 日。

《世界报》，1969 年 1 月 8 日，《这是在北越》。

这是 1969 年的一个非常重要的采访，胡志明和范文同两人同时在场。采访快结束的时候，胡志明的手像拿着小碗那样放在嘴前，这样的动作表示他担心我有隐形话筒。在这次采访中，范文同暗示他有可能提出和平谈判。第二天，我把这件事告诉驻越南的法国大使。但看上去他对一名摄影师的政治嗅觉并不信任。我的文章在《世界报》上发表后，他就被请到奥赛码头（译者注：Quai d'Orsay，法国外交部位于奥赛码头）去了……

1969 年 1 月的这篇文章成为《展望》（*Look*）杂志的头条，这是杂志社老板的个人决定。在有关战争目的及和平可能性问题上，一向持传统

越南民主共和国主席胡志明去世之前几个月，他身旁是范文同总理。

意见的《展望》杂志开始转变观念。后来这篇文章被发表在德国《亮点》杂志上，随即出现在荷兰《全景》(*Panorama*)杂志上。

越南，1969年。

《展望》，1969年1月21日，《胡志明的背后——为什么他的人民决不妥协》。

编者按中说到“政治转折”：（“全身而退并不是件容易的事。”）**配图是一片轰炸过后的废墟和一座教堂及其倒影。**

《展望》杂志封面（图片被裁剪），1969年1月21日。

Cette maquette du musée de l'Armée à Hanoi représente le champ de bataille de Dien-Bien-Phu. Chaque ouvrage est marqué par une lumière. Un com

Le vainqueur de Dien-Bien-Phu reste leur chef

46

Le maître en stratégie au Nord-V
nam depuis vingt-cinq ans s'app
Giap. Un nom que les Fran
connaissent bien : c'est celui de
adversaire à Dien-Bien-Phu. P
les Vietnamiens, le nom de la bat
tragique est devenu un titre de g
et un symbole. Ancien élève du ly
de Hué, puis professeur d'histoir
spécialiste de la stratégie napo
nienne, Giap, en 1954, à quara
deux ans, s'est révélé sur le te
et dans la bataille. Aujourd'hui,
torze ans plus tard, cette pl

《巴黎竞赛报》刊登文章《胡伯伯的神秘国度》（节选），1969 年 1 月 18 日。
报纸文章标题：《莫边府的获胜者仍是他们的首领》

de 2 h 30 raconte les combats.

e un Giap imprévu ; avec l'âge, sage a pris de la rondeur. Il est rd'hui aussi célèbre parmi les ires américains qu'autrefois les Français. Interrogé sur la ence entre les deux guerres, a répondu : « Toutes deux sont uerres de libération et à ce titre ssemblent. Mais la puissance caine et surtout l'engagement f de l'aviation ont créé des tions entièrement nouvelles. ont nécessité une mobilisation tes les énergies de la nation. »

Le général Giap. Le nom de sa victoire de Dien-Bien-Phu se retrouve maintenant partout (ci-dessous).

47

报纸上的图片说明（左）：河内军事博物馆的这个模型展现了奠边府战役中的军事基地。每个工事用亮光点作为标志。两个半小时的录音解说了当年的战事。

报纸上的图片说明（右）：武元甲大将。他的胜利让“奠边府”这个名字随处可见（如下图）。

Dans les campagnes, des miliciennes surveillent le ciel avec des armes chinoises ou russes. Les fusées sol-air soviétiques étaient servies par des Vietr

54

报纸上的图片说明（左）：在乡间，越南女民兵们正用苏联或中国的武器监视天空。苏联地对空火箭由经过苏联人培训过的越南人使用。

ar les Russes.

3 200 avions américains abattus, c'est le chiffre annoncé par Hanoi, 1 236 seulement selon le Pentagone. Marc Riboud, qui avait fait un reportage à bord du porte-avions « Enterprise » de la VIIe flotte (voir « Match » n° 933), avait recueilli l'avis des pilotes américains sur la défense antiaérienne nord-vietnamienne. L'un a dit : « Les fusées, notre grand ennemi, peuvent partir de n'importe où, parfois de coins de montagnes inaccessibles. Quand nous volons en rase-mottes sur la campagne pour les éviter, de chaque murette de terre s'élève un véritable rideau de balles. La nuit, la flamme des coups de feu se reflète dans les rizières telle une multitude d'étoiles. »

COPYRIGHT 1969 MARC RIBOUD - MAGNUM

L'as de la chasse : Nguyen Van Bay, 32 ans, décoré pour avoir abattu 7 avions U.S. avec son Mig 17.

La D.C.A. veille sur un ciel vide

55

报纸上的图片说明（右）：越南王牌飞行员阮文七 ，32 岁，曾驾驶 Mig-17 击落 7 架美国飞机，并因此授勋。

报纸文章标题：《防空系统监视着空旷的天空》

华盛顿，反“越战”游行

1967 年，华盛顿，捧花的女孩，一张神奇的照片。

照片主题本身就有强大的力量，而步枪、刺刀与那位捧着小花的女孩既温柔又似祈祷般的姿势形成反差，加强了视觉冲击。各种直接又有效力的因素完美结合，形神兼备地将强大的信息凝固在这一刻。

我是怎么拍出这张照片的？当时天快黑了，所有的摄影记者都已经走了，只剩我一个人。照片中的那个时刻就这样发生在我眼前，我拍摄了一系列照片。小样出来以后，最后那张，也就是第 36 张，是最好的。

那是我永远也忘不了的一天。我徒步走向机场，然后乘坐机场大巴给纽约马格南图片社送胶卷。当时我住在一个朋友家里，有人

为越南和平举行的游行，华盛顿，美国，1967 年 10 月 21 日。

为越南和平举行的游行，华盛顿，美国，1967 年 10 月 21 日。

打电话告诉我，阿列克谢（Alexei，我的第二个儿子）出生了。我马上出发去巴黎，实际上最终目的地是莫斯科，去拍摄“十月革命”50 周年纪念活动。保罗·多列士（译者注：Paul Thorez，曾领导法国共产党近 30 年，当时是记者）对我说：“去吧，我们俩可以共用一个房间。”于是，我路过巴黎看了一眼阿列克谢和我的妻子，然后就去了莫斯科。

莫斯科，苏联，1967 年。

实际上，亨利比我更早见到阿列克谢，而且比我更常见到他（笑）……在纪念活动的记者席上，我看见了那些运载着巨大的火箭的车队在前进。

向独立说“是”，以及文字前面戴头巾的女人，1962年7月1日。

阿尔及利亚的独立

阿尔及利亚独立的那一天，马克在当地拍摄解放之后最初的几小时里阿尔及利亚人民的欢悦情景。他跟着领导人到各个地区去，所到之处受到各地人民的盛大欢迎，这些领导人如今已被写入历史。之后他回到首都阿尔及尔，见证这个自由的新国家第一次选举。

深夜，我们以飞快的速度在山间公路上连续行驶了几公里。到了离特莱姆森不远的一个小镇上，法国区长刚刚离开那里，他的位置已经被一名阿尔及利亚官员取代。办公室里、房间里、休息室里，到处都是活跃的年轻士兵，他们让我想到自己年轻的时候和韦科尔的游击队员。他们为胜利而幸福地欢笑着，机关枪随意地放在桌子上。凌晨2点左右，我感觉他们在谈论我住宿的地方，然后我就被他们大方地带到区长房间的那张大床前！筋疲力尽的我颓然倒在床上，心里正想着阿尔及利亚人民的好客之情果然名不虚传。就在这时，小镇的新镇长走进房间，睡在床旁边的一张小沙发上。在阿尔及利亚，我是一个外国人，可我这个外国人却被他们当作父亲一样接待。

大约两个星期之后，7月2日的清晨，我在阿尔及尔郊区看见山坡上滚滚而下的尘土中有一群小伙子，他们一边往下冲，一边为青春和自由欢呼，希望能够最先到达阿尔及尔。这座白色之城离他们所居住的贫困郊区是那样的近，又是那样的远。两个男孩为我拍摄这个胜利的场景

阿尔及尔，阿尔及利亚，1962 年 6 月。

阿尔及尔，阿尔及利亚，1962 年 7 月 1 日。

帮了大忙，他们用手为我搭梯，把我托上游行队伍最前面的那辆卡车的车厢里。游行场面令人眼花缭乱，人们连夜匆匆赶制的旗帜壮观地招展、摇曳，每个人都尽力把自己的旗杆举得更高。没有旗帜的人用举起的双臂做出胜利的姿势。那欢腾、热情、快速运动的场面就像德拉克罗瓦（Delacroix）画的《自由引导人民》（*Liberté guidant le peuple*），焕发的是革命胜利最初时刻的美……[3]

3. 文字节选自《阿尔及利亚的独立》（*Algérie Indépendance*），让·丹尼尔（Jean Daniel）作序，马利克·阿洛拉（Malek Alloula）和赛罗纳·鲁斯特－布比那（Selona Luste-Boulbina）著，Le Bec en l'air 出版社，马诺斯克（法国），2009 年。

阿尔及尔，阿尔及利亚，1962 年 7 月 2 日。

S.A.V.E.P.O
MECANIQUE

庆祝独立活动，阿尔及尔，阿尔及利亚，1962 年 7 月。

庆祝独立活动，阿尔及尔，阿尔及利亚，1962 年 7 月。

庆祝独立活动，阿尔及尔，阿尔及利亚，1962 年 7 月。

非洲各国的独立

阿尔及利亚独立的前两年，也就是 1960 年，是非洲各国独立运动最重要的一年，阿尔及利亚独立为几乎所有的非洲国家先后独立起到了承上启下的作用。人们所经历的苦难和对未来的期待紧紧牵动着马克·吕布的心。他和让 · 丹尼尔（译者注：Jean Daniel，法国作家、记者）一样，“热衷于为这些处于解放世界的狂热中的人民撰写史诗”。他所表现的不是战斗的丑恶，而是日常生活中的美。1958 年，他来到几内亚拍摄全民公投否决戴高乐提出的宪法（译者注：1958 年 9 月 28 日，几内亚全民公投，以 95.4% 的绝大多数票否决了戴高乐提出的《第五共和国宪法》，随即几内亚成为原法属南部非洲第一个独立国家）。1960 年他多次造访加纳和尼日利亚，1962 年他到了肯尼亚，1963 年到了尼日尔。他的照片并非事无巨细地记录，但能引人遐想，用自己一贯的风格展现了这些国家的丰富文化。

加纳，1963 年。

科纳克里，几内亚，1960年。被遗弃在海边的表现法国和几内亚人民友谊的雕塑，由它可以看出法国当局希望抹除所有关于殖民历史的记忆。

科纳克里，几内亚，1960年。

加纳，1960年。

马克热爱非洲，热爱它的活力、它生活中的愉悦，以及那些非洲女性的美。

1968年“五月风暴”，漫步巴黎

举拳的女孩

这片天空占了太多的地方，不好。我本想把它裁掉，但下面两个男孩的头，这个和那个，是必需的，而且也有版面的限制。

几何构图很重要，但也有更微妙的东西。这个女孩的动作是典型的革命动作，很俗套，但这个女孩的其他一些细节还体现出了政治信号。当时法国共产党并不受人重视，他们付出了很多努力，才赶上这场运动。那面红旗上既没有法国共产党的标志，也没有法国总工会的标志，倒是有点像无政府组织的旗帜。而这位骑在男孩肩膀上的女孩，显然来自资产阶级家庭，她穿着长袖衬衫，挎着包，戴着手链。照片中的革命冲动正是通过她呈现出来的。

《铺路石下……》（*Sous les pavés…*）[4]一书中的注解是：“巴黎右岸的女激进分子。”

《铺路石下……》一书的封面。

4.《铺路石下……》，赛罗纳·鲁斯特－布比那著，La Dispute出版社，巴黎，2008年。

举拳的女孩，巴黎，法国，1968 年。

被砍倒的树和为了方便汽车通过而安置的铁栏，巴黎，法国，1968 年。

被砍倒的树

这样的构图很常见，也经得起考验。虽然树被砍倒了，但看上去它还是直立的（见对页图）。它满身都是混乱和斗争的符号：它的“果实”是堆积的铺路石块，木板被拆散了，圆形的罩栏断成碎片。

这张照片是罗伯特·戴乐比尔（译者注：Rober Delpire，法国摄影出版人）选的。

路 障

我希望能把照片中的人物放在一个显眼的位置，在楼房和天空交界所形成的“V”形中间。要实现这个目的，我必须走动起来。我弯下腰，以仰视的角度拍摄下来。我的目的是让这些有意义的事物充满画面，并且平衡各个组成部分，使它们以某种几何形状的方式变得更加显而易见，

雅各布路与圣父路的拐角，用木板搭起的路障，巴黎，法国，1968 年。

在一堆路障的上方是索邦礼拜堂的穹顶，巴黎，法国，1968 年。

但可选的角度并不多。照片中，散落在地上的铺路石和浅色的木梁是现成的，但我还需把它们与戴头盔的男孩、建筑墙面和“V”形天空联系起来。“五月风暴”的特点就是无序，我要把这些无序放到有序的取景框中，表现日常生活被混乱的生活所取代。

索帮广场前的警察，巴黎，法国，1968 年。

索帮大学的广场

画面的上方是古典风格建筑的穹顶和墙面。从画面 2/3 的地方开始是一大堆被摧毁并倒下的路障，混乱支配一切。在我来看，混乱占主导位置至少有 3 个层面：画面的混乱、街道的混乱、制度的混乱。从雷诺 4CV 车到工地简易房，3 条倾斜的白线将视觉素材组织起来。圆形的车轮和远处的穹顶遥相呼应，扇形的罩栏和汽车后备厢盖上的线条连成一气。把所有这些无序的事物组织起来，表现颠覆的社会秩序，我真是乐此不疲。

我把这张照片（见对页图）和那张有几个表情郁闷的警察的照片（见上图）相对比，同样的角度、同样的构图用心，这张视觉冲击力更强。

美术学院

他们的海报工作室不是什么人都可以去的。那些海报都非常有名，我要使个诡计才能进入。有一次我背着儿子在催泪弹中穿梭，他当时才5岁……这真是不太理智的举动！那时还没有真正意义上的路障，只有一些从窗户扔到马路上的家具。但我不知道自己为什么还要继续前进，而且还背着大卫。有人对我说：“这里不是孩子来的地方。”他是对的，

美术学院制作的海报和标语，巴黎，法国，1968 年。

美术学院制作的海报和标语，巴黎，法国，1968 年。

但我根本不听。

那天晚上我没有回家，我太累了，颓然倒在奥德翁剧院的扶手椅上，很快就睡着了。第二天早上我才若无其事地回家，我的妻子为此事很不高兴。

针对这张照片，我问马克是怎样把好的构图和照片寓意完美结合的。

我所说的形式是既有形式也有内容，它是一种视觉组织，但不是任意的。不能为了几何构图的乐趣而去刻意地构图……在摸索中试图找到一种既不盲目又不草率的形式，也不能生搬硬套几何形象。我们要接受的现实是多方面的，就算我们竭力去取景构图，混乱总是无所不在。这是一个游戏，一个奇妙的游戏！我们需要把物体、背景、人物和偶然现象所有这些形形色色的形象组合交织在一起。路过的人、天空下的深色雕塑、迎风飘动的布条、十几张面孔……场面是混乱的，人头攒动。我尝试在不断的运动和变化中组织画面，并从中提取某种东西。这就是抓

共和国广场，巴黎，法国，1994 年。

拍游戏的美妙之处。

我需要这座在画面半空中的雕塑，但我还得考虑画面的其他部分。这张照片的整体布局由弯曲的标语所决定。标语本来是横着的，因为两边的旗杆没有拉直，所以中间部分向下弯曲。事物的无规则运动将这个形象偶然地展现在我眼前，我很喜欢这条“U”形的标语，它要与背景中的雕塑协调、配合起来，还要用深灰色的墙壁将它衬托出来。摄影师要照顾到一切：从哪个角度取景，怎么构图，怎样在取景框里布局，什么是最适合的时候，什么是决定性的时刻……所有都要考虑，而且在同一时间里！当然不要忘了还有我们自身的因素，我们需要动起来，用脚，用手（马克以闪电般的速度举起胳膊，把双手放到眼前）。

这就是抓拍，是我所喜欢的，也是我所从事的工作。我被某种满足感所驱使，这样的游戏是令人兴奋的。当然也有不协调的拼接，有些走调、明暗比例失衡，甚至是难看的线条……世上没有轻易获得的东西，很多拍出来的照片都是废品。

（马克的两只手在眼前晃动。）我们周边有成千上万的形象来回移动，难以捉摸，变幻不定。而我们要试着从中捕捉到一个恰到好处的秩序，这个时刻仅仅有 1/100 秒。

共和国广场的这张照片并不是一幅代表作，但是一个很好的摄影创作的例子。

我给马克看伊斯坦布尔的小贩和在瓦拉纳西拍摄的那两张照片（见对页图），其中也有这种“U”形。这是一个很好的大师班的例子。

瓦拉纳西，印度，1956年。

伊斯坦布尔，土耳其，1997年。

华沙，波兰，1979年。

建筑师和走钢丝的人

埃菲尔铁塔和卢浮宫金字塔上的杂技

埃菲尔铁塔上的油漆工：这张照片（见对页右图）的故事有点不可思议。那是在 1953 年，当时马克身上只有一卷廉价的胶卷，取景器上颠倒的图像令他眩晕。他爬上了铁塔，带回了 36 张底片，其中一张获得了巨大成功。

拍完唯一的一卷胶卷后，我爬下了铁塔。铁塔上面是个悬空、飘摇而危险的世界，我不敢和工人们说话。照片中的这名工人没有任何保护措施，如果我和他说话，他有可能会摔下去。我把小样拿给卡帕看，卡帕从中挑选了这张照片。之后，约翰·莫里斯（译者注：John Morris，美国著名图片编辑）把它卖给了《生活》杂志，这是让我自豪的首次发表。

阿克拉，加纳，1960 年。

我们讨论油漆工的身体和铁塔梁柱之间的空间所构成的白色形状。这和马克 1960 年在加纳海滩上拍摄的做游戏的儿童照片有异曲同工之妙，都是在黑色线条和白色空间中寻找平衡。

我们可以拿埃菲尔铁塔的油漆工和卢浮宫金字塔上擦玻璃的人作比较。

（马克假装天真地问我：）这张照片（见对页左图）有什么

卢浮宫金字塔上擦玻璃的人，1989 年。

埃菲尔铁塔上的油漆工，1953 年。

特殊的地方？（我找不出来。马克高兴了，他解释：）这张照片本来是横着的，现在竖着放，很多人都没有发现，但可以从这个细节看出来：他挂在腰上的抹布不可能自己飞起来。照片被竖着放，以便与铁塔油漆工那张照片放在一起作对比。（穿过照片的那根斜杠是让这张照片的构图与众不同的决定性因素。）

卢浮宫的金字塔

是否建金字塔的论战非常激烈！我还记得当时的情况。时任巴黎市市长的希拉克（Chirac）将出席会议，他有可能阻止金字塔的建造。持反对意见的人沾沾自喜："我们肯定赢，金字塔建不起来。"而当希拉克到会时，戏剧性的场面出现了，他支持建造金字塔！反对派顿时崩溃

贝聿铭在他建造的金字塔前伸出手（他的身体也呈金字塔形），巴黎，法国，1989 年。

了……亨利·卡蒂埃－布列松特别厌恶这座金字塔，厌恶程度让人难以置信！他坚决反对建造金字塔。有人发表了一篇抨击金字塔的文章，亨利就为该文写了前言。贝聿铭希望所有人都能接受这座金字塔，所以他不厌其烦地向亨利讲解，希望他能理解并最终接受金字塔。最后，亨利改变了想法。有一天和他通电话的时候，我又向他提出了自己的理由为金字塔辩护："亨利，我可以理解有人会不喜欢这座金字塔……"他立刻打断了我的话："我理解有人会喜欢这座金字塔……"就这样，亨利表明了自己的意见，他最终改变了对此事的评价，接受了金字塔。这就是典型的亨利的性格！

我还记得我全程跟踪了金字塔的建设。得到相关部门的批准之后，我几乎每天都要去工地。我特别喜欢工地办公室和棚屋里的奇妙气氛，以及风情万种的贝聿铭！

贝聿铭第一次见弗朗索瓦·密特朗（François Mitterrand）的时候我也在场。贝聿铭坐在扶手椅的最边上，两只手不停地挥舞、比画，使出浑身解数吸引密特朗。他很有说服力，同时也非常认真地倾听密特朗的意见。他讲英语，中间夹杂着几个法语单词，金字塔的模型就摆在他们之间。对于那3座附属的小金字塔，密特朗的态度似乎很坚定："我同意你建一座金字塔，而你还要求再建3座！"贝聿铭最后的论据为改变密特朗的主意起到决定性作用："我们需要这3座小金字塔，这样游人就可以找到自己的位置，辨认自己的路线。"为了能够完美地实现每一个细节，贝聿铭要用一种不会导致颜色偏差的玻璃来建造金字塔的外壁。他要用的这种玻璃十分罕见特殊，只有德国生产。但密特朗拒绝了："别指望我们从德国买玻璃！"结果，贝聿铭使用德国工业技术在法国建了一个特殊的熔炉。为了准备得更加充分，他把每一块玻璃都制作了两件，万一出现意外可以随时更换……这的确很奢侈。

回忆贝聿铭

贝聿铭是血统纯正的中国人。他18岁到美国，很长时间不能回中国。我们第一次见面是在纽约一起吃晚饭。我那时刚从中国回来，他问了我无数有关中国的问题。我们成为很好的朋友。他是一位尊重传统的建筑师。他拒绝了所有在北京建高楼的项目，自始至终主张打造低建筑群的北京城。别的建筑师建了高楼，但他没有。他曾经请我拍摄他设计的香山饭店，离北京不远，建在环境优美的山林之间。受中国古典园林的启发，他在院

香山饭店，中国，1982年。

落中修建了一条蜿蜒曲折的水槽，坡度十分缓和，以至于可以在水槽一端放酒杯使其顺流而下，几分钟后可以从水槽另一端拿起饮用，酒杯流动的时间正好可以做首诗。我特别喜欢中国人这种精致的情趣。

贝聿铭的这座园林好似一个迷宫，很大，既精致、古典，又有现代化的科技。我曾见到贝聿铭和园林负责人亲密交谈，那个人是位诗人，而且博学，是中国的一位重要人物，他们彼此之间相互尊重。中国的文化是深不可测的。

贝聿铭对卢浮宫金字塔同样也有细致的考虑。他找到一种方式，优雅地掩盖了必须要修建的紧急出口。

贝聿铭对于起决定性作用的细节也独具慧眼。他把骑马的路易十四像放在一个恰到好处的位置，那个雕像是贝尔南代表作的复制品，他把它放在卢浮宫和香榭丽舍大街两条轴线的交汇处，堪称完美！

对于安置贝尔南雕塑的问题，他的思考也很有趣：在密特朗接受金字塔之前，他担心自己会成为第二个贝尔南。这位才华横溢却又很可怜的建筑师为路易十四工作了多年，他设计了出色的卢浮宫扩建图纸，但最终被克劳德·佩罗（译者注：Claude Perrault，1613—1688，法国建筑师）那无趣的柱廊取代。贝尔南绝对没有贝聿铭那种坚韧的品格和高明的交际手段。

我向马克指出，他能记住这些有价值的细节，正是依靠视觉上的觉悟能力。他始终都在利用这种能力搜寻细节，并把它放到整体构图中的合适位置。

最后一个小故事：贝聿铭的女儿在纽约结婚的时候，他请我去拍几张照片。但婚礼现场有一个专业的婚礼摄影师，是个美国人，他有两个助理，还有很大的闪光灯和伸缩杆，设备多得像个马戏团。他礼貌地把我推向一边，说："业余的法国老头，拿好你的徕卡相机，把位置留给专业人士吧……"结果他全拍坏了，而我拍的照片则被选进了贝聿铭的家庭影集……这是真事（笑）！

视觉的愉悦与抓拍

听了马克讲述他的摄影方法和他构图的愉悦，我看出了他的作品风格。他喜欢在快速抓拍中构建图像，并从几何构图中获得愉悦。也许有人会说所有的摄影大师都会构图，的确如此，但每个人的构图方式是不一样的。拉蒂格（Lartigue）或杜瓦诺（Doisneau）、卡蒂埃 - 布列松或柯特兹（Kertész）、寇德卡或埃文斯（Evans），他们都会构图，都具有一定的艺术水准。但每个人的方法不同，每个人都有自己的艺术特点，这就是问题的关键所在。怎样比较这些艺术大师并给他们定位？马克·吕布的特殊之处到底在哪里？

在“自然一讲究”的轴线坐标上，我们可以评定杜瓦诺的构图是“简单、自然”的，布巴（Boubat）、依捷斯（Izis）和罗尼（Ronis）的构图则是属于“正常”的，而卡蒂埃 - 布列松的构图痕迹非常明显，呈现出棱角分明的几何图形，其对空间结构的讲究堪比经典绘画之作。在“自然一艺术”的坐标上，我们可以说尤金·史密斯（Eugene Smith）喜欢“自然”、随性的构图，与之不同的是爱德华·史泰钦（Edward Steichen）和卡蒂埃 - 布列松，他们喜欢与画家和雕塑家一决高下。然而，在两个摄影师之间作比较要比在两个画家之间作比较更棘手。在摄影中，风格的确是存在的，虽然摄影与绘画同样是媒介，但偶然和机会使我们所称为“作品核心”的东西具有不同的性质，这是不可改变的。在所有摄影师的作品中都会有与其整体风格不同的特例，我们不能因此判定摄影是一种“二流或次要的艺术”，因为那不可操纵的一小部分恰恰构成作品的精髓。就好像卡拉瓦乔（Caravage）时不时画出一小幅拉斐尔风格画像，不经意之间又画出一幅惟妙惟肖的曼特尼亚画像……哪些才是作品的核心和精髓？这位艺术家最拿手的是什么？他的独创性中最不可忽略的部分是什么？作品越丰富、越长久，就越能从中看出来。

马克·吕布所进行的是抓拍摄影，他努力把某个瞬间凝固住，在运动的生活中干脆地截取一幅影像，并有足够的视觉美感。这是一种充满激情又不确定的艺术，受到偶然性和命运的制约。马克所喜欢的拍摄对象是活跃而不稳定的，他自己也是活跃且好动的。他爱好“精湛的几何构图”，比自然和常见的构图更讲究，他会毫不犹豫地构建出复杂的图形。说到底，他喜欢愉悦他人和自己的眼睛，对于他来说，一张构图好的照片可以给人带来欢乐，可以滋养人们的身体和精神。

马克的构图是智慧的，不过分，不死板，也不矫揉造作。决定性瞬间大师卡蒂埃－布列松的构图棱角分明，有一种神秘感，令人印象深刻，为之惊叹，有时甚至让人感到震惊……马克的构图也很严谨、几何化，但他比卡蒂埃－布列松的构图更柔和、更流畅，给人另外一种视觉美感。马克仿佛掌握着一个鲜为人知的秘诀，把愉悦写入充满智慧的几何构图中。除此之外，就像马克的妻子凯瑟琳·申恩（Catherine Chaine）说的那样，还有一种信手拈来的雅致。马克的几何构图是智慧的、勇于挑战的，不会为了省事随手拍摄。正是这样一种态度使他的作品更有意趣，仿佛一场视觉盛宴，给人带来罕见的视觉乐趣。他常常从找到一个重要的焦点着手，这个点在画面中也许并不明显，但它可以有效地平衡整个画面。最具代表性的例子就是那位披着毛皮领长斗篷的中国女士手里的香烟。这张照片（见对页图）看上去歪歪斜斜，没有一条垂直的线，但由于这只手和这根香烟的存在，一切都显得合情合理。就像华盛顿游行的那张照片中的小花，或是埃菲尔铁塔油漆工那只轻盈的手和他那抬起的帽子及滑稽演员般的面孔……

在这些精心选择的、看上去并不起眼的“点”的基础上，各种形状、线条，以及马克钟爱的圆、椭圆都被巧妙地组织起来。我们的眼睛可以在这座美妙的花园中漫步而不会遇到危险。一切都很协调，因为这些恰

北京，中国，1957 年。

广州，中国，1957 年。

当的点被明智地放在合适的时间、地方和角度上。以墙角的石头或拱门的顶点为基础，马克可以编出一曲图形的交响乐。

下面讲解几个例子。

例 1： 火车上，头枕在胳膊上的女人。

这是 1957 年我第一次去中国时拍的照片（见对页图）。画面以双螺旋或者说是双弯曲的形式构图。第一个弯曲是由椅子和腿的形状构成的，起伏的线条从画面的上方斜穿到下方；第二个弯曲是由手、胳膊和肩膀构成的，好像是那张疲倦、忧郁而又美好的脸庞的底座。对于我来说，这张照片是个开端，就好像演奏乐曲拉响的第一弓。就是从它起，我开始了对中国优美而又坚强的文化的长久热爱。

马克在中国的记者证，1957 年。

例 2： 北京大栅栏，从古玩店窗口向外望去。

我对马克说我是多么喜欢这张照片（见对页图），随意、散漫，似有所指又不明确，同时又很有结构感。这张照片本身就可以看作 5 张甚至是 6 张小样的组合。观赏这些被黑框包围的图像，品味巧妙布置的每一个细节，可以从中获得乐趣。无论是分开看每个格子还是从整体上看，所有的人物都协调地分布在画面中。看向我们的两个女孩让人温馨地感到自己似乎也是这个生活场景里的一部分。整个图像的调性极其轻松、明快，而且富有人情味。简单和谐的平静生活展现于橱窗的圆角之间。黑色的方框与街对面墙上的那些更多样、更巧妙的方框遥相呼应。

北京，中国，1965 年。

例 3：莫斯科，玩国际象棋的人。

马克先问我这张照片（见对页图）有什么特殊之处，然后又紧接着说：

看这些男人的穿着，5 件大衣都差不多，同一款式、同一材质！我们还可以看到 3 条围巾都是格子图案的……

马克通过这些衣服看出了当时的社会现状：社会主义经济使得人们没有太多可选物资，经济水平整齐划一，与西方的消费经济相差甚远。这张照片很有魅力，而且属于不太容易成功的一种类型，整个画面充满了各种图形。这些层层相叠的大衣中只露出了两张脸和 3 只手，衬托出人物的精神完全集中在国际象棋游戏之中。苏联人非常爱好国际象棋，那位较为文弱的青年闭着眼睛沉思，而前景中那位较粗壮的人被自己手里的书深深吸引，而那本书正和象棋有关。

马克在画面中还开辟了一片空间，那就是一大片“V”形的雪地，其中有位淘气、快乐的小女孩的身形。她灵动的眼神吸引着我们的目光，而她的一条腿被身前的那棵树挡住了，像被替换了一样，这是一个视觉玩笑……

这张照片的每一个细节都值得寻味：男人的金色头发和翻开的书本，长椅上的 3 只鞋，交叉的手指和那只拿烟的手。

高尔基公园，莫斯科，苏联，1960年。

奴鲁奥斯玛尼耶清真寺，伊斯坦布尔，土耳其，1955 年。

艾郁普清真寺对面的咖啡馆，伊斯坦布尔，土耳其，1998 年。

翻阅《伊斯坦布尔》（*Istanbul*）[5] 这本书的时候我们看到两张照片，“很有眼光。”马克这样评价。这本书的排版者是莫里斯·科里亚（Maurice Coriat）。

5.《伊斯坦布尔》，让－克洛德·基尔伯（Jean Claude Guillebaud）著，法国国家印刷局出版社，巴黎，2003 年。

例 4：咖啡馆正面墙上招贴画上的让卢普·西夫（译者注：Jeanloup Sieff，1933—2000，法国摄影师）像。

圣－日耳曼－德－佩（译者注：巴黎街区）与伊斯坦布尔在这一面墙上巧遇了，我觉得有趣、滑稽。让卢普·西夫的照片出现在伊斯坦布尔的一家咖啡馆的墙上，这个巧合吸引了我的目光。我把我拍的这张照片（见对页右图）拿给让卢普·西夫看，他笑着对我说："我很荣幸能在土耳其之父阿塔图尔克（Atatürk）的身边。"是的，从摄影特有的（有限的）拍摄手法类型来讲，这张照片有耐人寻味的一面。我喜欢这把大木头叉子，它好像把各色各样的图像缝合在一起，整体看起来是协调的。实际上这个画框是被人事先做好的，是咖啡馆店员把它布置成这样的。那个老人有一把大胡子，他现在可能已经去世了。

这种"现成的东西"（ready-made）引起了我的注意，因为这是一个极特殊的情况：没有抓拍的成分了，这面墙作为被摄物体已经摆在那里，而且一动不动。所有街拍的照片都有"现成"的成分，而这个画面 100% 是现成的。

对，有时我会接受这样的拍摄手法，简单地记录，而且我还有点以此为乐，就像这张照片。

接着，马克谈起同一本书中与这张照片页面相对的那张照片（见对页左图），拍的是一个公共喷泉，也是一个正面构图。

这张照片不同，拍的是街道，傍晚的光线美好而漫长，男孩们的身体俯向喷泉，构图恰当。

例 5：背景是木房，前景是人群。

请注意，他们是亚美尼亚人。在土耳其，这是一个敏感的话题……莫里斯·科里亚希望用旁边的这张照片做封面，就是游街的音乐家经过有女人和小孩的窗下的这一张（见对页左上图）。这是一张不错的照片，但土耳其和亚美尼亚两个社会团体之间有太多的问题，我们不能用亚美尼亚街区的照片作为《伊斯坦布尔》这本书的封面。对于照片的选择，我是要负责任的。出版社编辑和我希望能够展现土耳其年轻一代及现代人的面孔。拍摄亚美尼亚人群这张照片（见对页左下图）时，我先是找准构成画面上半部分的木屋。之后我把焦点锁定在提着篮子的小贩身上，将他放在画面中间，他手里的篮子构成了一条斜线。他的另一只手与穿条纹毛衣的男孩接触，在画面中心位置形成了一个固定的点。画面的其他部分布满人群，层层叠叠，形形色色，其中还有很多小孩。可能只有右边的这个妇女一直朝我看，有点不协调，但实际上并没有什么影响。

例 6：艾郁普清真寺门口。

拍摄时有很多人在移动，很难掌握。他们分为 4 组，每组两人，另外还有两个小孩来回跑（见对页右下图）……一位父亲牵着穿白衣服的小“帕夏”（译者注：奥斯曼帝国的各省总督，旧时土耳其对某些显赫人物或者宠爱的孩子的称呼）的手，但我把他遮挡了起来，为的是使左边两名现代女子和右边戴白头巾的显得顺从的那两名女子之间相互平衡。那位被孩子搂着脖子的女人让人想起意大利文艺复兴时期的圣母。

（视角很低，你俯身了吗？马克的回答让我很惊讶：）哦，对，也许你说得对。这种俯身的动作是条件反射、自然而然的。

亚美尼亚街区的音乐家，伊斯坦布尔，土耳其，1955 年。

《伊斯坦布尔》一书的封面。

节日期间的亚美尼亚街区，伊斯坦布尔，土耳其，1955 年。

艾郁普清真寺门口，伊斯坦布尔，土耳其，1955 年。

加拉达桥，伊斯坦布尔，1955年。

例 7：加拉达（译者注：Galata，伊斯坦布尔街区）的桥上，男孩透过镂空的护栏向外看（见对页图）。

在户外光线强烈的情况下拍摄是一个技术难题。如果远处的船准确曝光了，那么近处前景中的男孩就会被“淹没”在黑暗中，他的短裤就会和铁桥混为一体。洗照片的时候就需要将整个画面重新调整，让应该被看清的东西“脱水而出”。

这里我告诉你一个秘密——亨利·卡蒂埃－布列松告诉我的！——在白天，我有时会用闪光灯朝着天空拍摄，以抵消太阳的强烈光线，阳光会在人的脸上形成垂直的阴影。对于这样的拍摄习惯，宾得相机的翻转式小闪光灯再合适不过了。我觉得偶尔用闪光灯拍摄并没有什么不好。

这张男孩观察港口生活场景的照片的构图有一点倾斜，因为水平线斜了，这使照片变得更有意思。纵向构图是通过这个男孩完成的，他的脸颊、肩膀、衬衫和短裤形成一条垂直的线。正是因为有这条可以依据的直线，让整个画面看上去协调、稳定。

咖啡馆，伊斯坦布尔，土耳其，1999年。

例8：男人咖啡馆，一位孤独的客人背对着一张女子人体照片。

我们在一个伊斯兰国度，男人们每天晚上都在外面。我往来于布满小餐馆、酒馆和妓院的小街之间，这些人的孤寂让我深有感触。

小故事：窗前的电视机。

有一次我接到订单，给一个富裕家庭的女人和孩子拍照。大家没有将这件事情告诉那女人的丈夫，想给他一个惊喜。我被引进他们的家里，突然有人警告："当心，先生回来了，他快到了！快，快，藏到衣柜里去！"过了一会儿，人们把我放了出来："警告错了，他没回来，你可以出来了……"这时我发现我的相机很明显地摆在桌子上！拍完这组照片之后我还拍了这一张晚上在豪华大酒店房间里的照片。这家酒店有游泳池，还可以看到博斯普鲁斯海峡、托普卡帕宫和清真寺……壮美的风景却被庸俗的现代化事物玷污了，电视里显示的是股票行情……

塞拉甘皇宫酒店的房间里，伊斯坦布尔，1999 年。

城墙外古老的奥托曼公墓，伊斯坦布尔，土耳其，1999年。

马尔马拉海边的路，土耳其，1999年。

大巴扎商店后间，伊斯坦布尔，土耳其，1999年。

小故事：艾郁普高速公路旁的古老公墓，这是伊斯坦布尔中心地带附近一片无人问津之处（见对页上图）。

我愉快地走在奥托曼公墓里，男性逝者的碑上雕刻的是穆斯林小圆帽，女性逝者的碑上雕刻的是花束。这时有两个来历不明、鬼鬼祟祟的人出现了。在这个不毛之地，他们可以抢走任何他们想要的东西。在这种情形下，我挺身迎了上去，这就是我的性格。我走过去跟他们交谈，原来他们仅仅想要一根香烟！我给了他们两根香烟，然后迅速离开了那里。

例 9：晒太阳的男人们。

这是寇德卡特别喜欢的照片之一（见对页下图）。一位石油巨头正准备穿越博斯普鲁斯海峡，这个情景只会在伊斯坦布尔出现。两条黑色的曲线使这张照片充满张力：右边是光头的剪影，墨索里尼式的头脸；左边是挺着肚子站立的男人。水平线是倾斜的，但没有关系，因为垂直的线条校正了构图上的不稳定感。3 个超出水平线的身形有一种纵向的韵律感，而那 3 个横向躺着的人与之相互呼应。中间那两个男人一直看向镜头，但还好，没有什么不妥。

这种地中海男人们的日光浴让人想起土耳其公共浴室里的气氛，与另一张 4 人像（上图）有异曲同工之妙。

前景右边的那个花岗岩一般有矿石质感的黑色人头让人惊异。它支撑着整个画面结构，给画面带来一种神秘感。他让我们想起毕加索的那些巨大雕像，或是布拉塞（Brassaï）拍摄的波舍鲁城堡（Boisgeloup）工作室里巨大的头。

例 10：一对性感的年轻情侣。

前景是女孩瀑布般的头发。女孩非常美丽，她将身体倾向男子。男子闭着眼睛微笑，双手搭在她的胯上。他们的双唇几乎就要碰在一起了……

与他们形成对比的是左边的两个男人，或许是一对情侣，或许是诡秘的黑道中人……他们的存在增强了那对情侣之间的私密感，相爱的人心中除了彼此别无他人……性感的气氛和人物之间的关系被一种暧昧的摄影手法表现得淋漓尽致。

塔克辛附近的夜店，伊斯坦布尔，土耳其，1997 年。

例 11： 长途车站，LOFT 广告牌。

我发现了这位清瘦、美丽的女孩，她看上去若有所思。后面的广告牌给我提供了很好的拍摄基础，而且右边还有一个人，也许想要上前调情。她刚下课，拿着文件夹，尽量回避那个男子，而男子始终不离其左右……两人之间的微妙关系使我们看到一种戏剧性的效果。而左边那个人形成了一个效果很好的反差，给画面添加了一抹奇特之处。

垂直的广告牌的黑框和海报人物奠定了稳定的构图基础，广告上的那两个情侣则构成了“M”和“U”形的几何韵律。

塔克辛广场，伊斯坦布尔，土耳其，1997 年。

看了《伊斯坦布尔》这本书之后我们又回头看单张的照片，并从优秀的照片中选出了两张。

例 12： 人体与猫。

你是怎样拍出这张人体艺术照片（见对页图）的？它的构图看上去很严谨，好像特意摆出来的，但它又有一个出人意料的地方。

告诉你一个真相，是我把这面镜子摆在那里的。事情是这样的，一位出版商让我拍一张人体照片，事不宜迟，我马上着手拍摄。伊莎贝拉·法罗瓦（Isabela Fárová）当时在场，她同意当人体模特，而且可以在沙龙里立即开拍。她的母亲安娜（Anna）当时也在场。我摆好镜子，点燃炉火，但照片只完成了一部分，因为意外的事情发生了……这只猫根本就不在我们的拍摄计划内，它自己跑过来，闯入画面，然后走到那里。它四脚朝天地躺下，很有女人味地做出性感又傲慢的姿势……又是一个关于猫的故事，罗伯特·戴乐比尔喜欢猫。从技术上讲，这张照片不太容易拍，因为我不知道焦点应该对准哪里。景物高低层叠，加上镜子里的映像有好几个层次，而且光线也不是很好。

（我同他讨论画面中壁炉上方、镜框和长椅的黑色线条，马克指出：）黑色线条不能太明显，黑色和白色组成的结构并不生硬，镜子是破裂的，这样就能反射出几根线条，这些线条是协调的。年轻的女孩抬起胳膊，这个动作是她自然而然做出来的，我捡现成。她的胳膊和小雕像的胳膊及猫的姿势互相呼应。

我注意到这是“狄俄倪索斯唤醒阿丽亚娜”的姿势。我发现镜子里映照出一本书，是马克送给安娜的“Photo-Poche”摄影师小黑书系列中写卡蒂埃－布列松的那本。还有一本也是马克送的，有很美的名字，叫《爱的共鸣》（*Les résonances de l'amour*）[6]。这本书和人与猫这张照片产生了丰富的共鸣。

6.《爱的共鸣》，安妮·菲利普（Anne Philipe）著，伽利玛出版社，1982 年。

布拉格，捷克，1981 年。

大吉岭，印度，1956 年。

安妮·菲利普、马克和妻子凯瑟琳，布拉格，捷克，1981 年。

战后的那些年是我生命中最紧张、激烈的时期，友情、忠诚、音乐和任意挥霍的金钱……20 世纪 70 年代末我在布拉格又找回这种精神状态。我的朋友们，那些《七七宪章》的签名者对生命的价值有着同样的看法：勇气和文化是最重要的。

例 13： 大吉岭。

如果有很多人在行走，他们看上去互相重叠，拍摄就容易失败。为了避免这一点，需要把行人协调地分布在画面上，弗拉芒学派的画家就是这样处理的。这幅画面有非常精彩的视觉元素：印度纱丽像薄薄的雾霭，还有画一样的树。构图是在两个因素的基础上建立起来的：固定的部分和运动的部分。这是我最受欢迎的作品之一（见对页图）。

我们小时候，铁路公司不让把头伸出窗外，不要听这样的建议（编者注：读者应当遵守铁路公司乘车安全规则）。我们应该到外边去，走出去，面对未来的生活。我爱大自然，向往独立，热爱旅行，还有更重要的，那就是自由。

里昂市的拍摄项目

2010 年，为了更好地让我们了解他的工作方式，马克讲解了他几个星期前接受的里昂市的拍摄项目。

里昂有一条以“安东尼奥·吕布”命名的街道刚刚举行揭牌仪式。市政府在街上摆放了二十几块展板，展出我拍摄的反映两河交汇处街区工地建设的照片。今年去里昂拍摄、报道这个项目让我感到高兴，唤起了我很多回忆。我喜欢这座城市，凯瑟琳和我一样也是里昂人。（这座城市和中国的城市有相似之处吗？）有很多：人们都爱美食，都很细腻，当然还有丝绸……

我差一点把自己的档案放在里昂……我和负责文化项目的副市长及图书馆馆长一起工作了两年，他们非常优秀，很有激情。但渐渐地我明白了依赖于市政府是件复杂的事，因为党派和负责人经常更换。也可能因为我离开里昂的时间太久，感觉它更远了，要住酒店，要坐高速列车……我可不是二十几岁的小伙子了！

你会接受指定项目的工作吗？

到了现在这个年龄我并不反感，因为我生性好奇，而且索恩－罗纳（Saône-Rhône）“交汇处”的大工程项目让我很感兴趣。

对于我来说，完成指定项目的最佳方法就是有条不紊地按照自己的兴趣去做。注意身边的人和事，找一个当地人做向导，因为我喜欢在天气不好的时候拍摄。这处工地修的都是高层建筑，至少五六层楼，所以阳光照射下的阴影面积大。那些大吊车的线条是这样不停地运动（马克

城市规划扩展项目，里昂交汇处街区，2010年。

城市规划扩展项目，里昂交汇处街区，2010年。

用胳膊比画），打破秩序，然后又建立新的秩序。这样可以让我用一种方式对画面下方进行构图，再用另一种方式对画面上方进行构图（见第127页上图）。拍摄竖幅照片的时候我要注意不让直角变形。

我很快想到要拍出一张有意思的照片，需要相貌有特点的工人，但这个工人是背向我的。我只需要等待他转过身来，但街道很窄，工人们面朝下工作，脸上光线不足。幸亏我有小闪光灯，如果处理得好，根本看不出来。

那个工人给了我一个很好的表情（见第127页下图），他很开心，我也很满意。

你喜欢竖幅还是横幅?

里昂“交汇处”项目的工作，我费了很大劲！为了适应展板的形状，我必须拍摄竖幅的照片。这样的限制使我的拍摄变得很费劲，因为那些吊车的线条和正在建设的楼房轮廓都是纵向的……

因为我比较懒，所以最方便的构图就是横幅。我们很容易就能找准横幅的构图形式，一切都很自然。而竖幅会有移动的倾向，容易失去平衡，竖幅照片相对不容易拍得完美。

马克·吕布，20世纪70年代。

马克和巩俐，中国，肖全拍摄于1995年。

《生活》杂志特刊封面（局部），肖全拍摄于2008年。

我给马克看了一张照片，照片中的他竖起相机拍摄，他有运动员一般的手臂和健壮的体魄。

（按马克的说法，拍竖幅的照片要比拍横幅的更累人。）是的，累多了！（他飞快地做出一个精准的动作给我演示：）横幅模式下两只手自然而然就放好了，好像在拿着碗喝东西。

（接着他摇晃双手，本能地调节水平线的平衡。）这样做很简单、自然，可以运用自如。就好像用望远镜看，或者是看汽车内的反光镜。

而竖幅就不同了！！首先要扭曲自己的身体（他猛地扭曲胳膊给我演示）……

要时时刻刻集中注意力，不断调整，在眼睛的监视下移动双手调节画框和画面内的构图线条。这个动作是不自然的，而且手会累。我们的确应当向好的竖幅照片举帽致敬，或者给它颁发特别奖。

《生活》杂志特刊封面，肖全拍摄于2008年。

爱好惊奇和意外

这让我们想到毕达哥拉斯定理，这个众所周知的几何公式的奇妙之处在于它可以由方块面积证明出来。为什么勒·柯布西耶（译者注：Le Corbusier，法国建筑师）会在印度的一面砖墙上加入这种元素？难道是只有行内人才懂的暗号？

另一张照片（见对页图）也是在昌迪加尔拍摄的。倾斜的光线、建筑物，以及两个在恰当时间、恰当地点拍摄的戴头巾的男人。

昌迪加尔，印度，1956 年。

两张照片都如实呈现出来，无论是墙上的几何公式图形（见上图），还是镜头里路人的身影。在内心深处，我最喜欢的程式是：“一切就绪，就等路人来啦……”

昌迪加尔，印度，1956 年。

卢浮宫金字塔，巴黎，法国，1989 年。

介入主义是为了把现实进一步完善？

《大卢浮，从城堡到金字塔》[7] 的封面照片是《卢浮宫金字塔》，这是一张“经过处理”的作品。我从一个小金字塔的内部拍摄大金字塔。要知道这绝不是“决定性瞬间”，玻璃上有一层雾，我不得不让一个人在外面擦拭，每拍几张照片我就示意他用布擦一下。我们离“决定性瞬间”非常非常远……（笑）

7.《大卢浮，从城堡到金字塔》，凯瑟琳·申恩和让－皮埃尔·韦尔代（Jean-Pierre Verdet）撰文，Hatier 出版社，1989、1997 年出版。

马克的第二个儿子阿列克谢在桥的尽头举起双臂，上海，中国，1993年。

幽默与摄影

马克拿出一个盒子，上面写着“可笑的照片”。

可笑的照片从来都不是完全可笑，有一些是的，的确滑稽。办一个可笑照片的展览并非易事，是一个挑战。要找到 70 到 90 张同样精彩、和主题都有关系的照片实为不易。

如果说漫画可以让人开怀大笑，那么摄影更倾向于让人微笑。马克与罗伯特 · 杜瓦诺（Robert Doisneau）及艾略特 · 厄韦特同样爱好这样的滑稽场景，具有天真的一面。这又一次体现了马克在他的实践和艺术中对愉悦的不懈追求。

美术馆前，上海，中国，2002 年。

镰仓，日本，1958 年。

日本，1982 年。

巴黎，法国，1985 年。

卡帕多西亚，土耳其，1955 年。

弗朗索瓦·密特朗和米歇尔·洛卡尔(Michel Rocard)在社会党会议上,巴黎,法国,1974年10月13日。

蓬特勒瓦,法国,1987年。

出其不意的画面,昙花一现的享受,美无处不在,奇怪的事物也是如此。就像几年前在上海,有一个被遗忘在豫园里的小塑料袋,袋子上面打的结好像一双耳朵,看起来像只迷路的兔子(见对页下图)。

北京，中国，1992 年。

上海，中国，2002 年。

码头工人，上海，中国，1965 年。

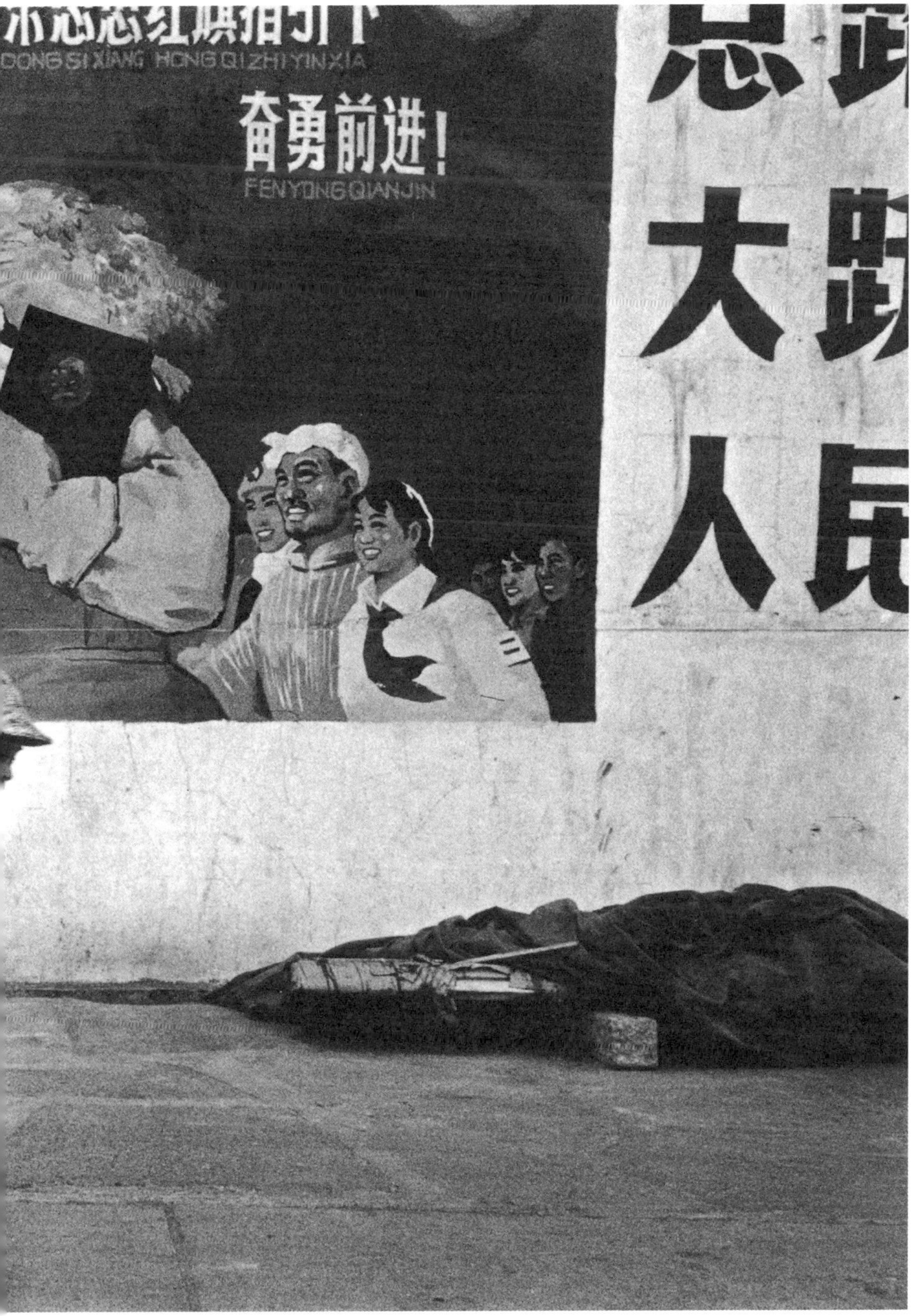
DONG SI XIANG HONG QI ZHI YIN XIA
奋勇前进！
FENYONGQIANJIN

“我是怎样拍摄的”

你在生活中寻找的是什么？

我的乐趣在于看，我不相信纯粹的创造。摄影就是我的生命，我寻找的是这个世界中的美。我无时无刻不在看，视觉感官上的愉悦是首要的。但这并不是一件容易的事。我在看的时候总会用想象拍照，就好像音乐家在脑子里哼曲子。我有个爱好，也是生活的理由，那就是“理解世界，直面他人”。

有时候，在特殊的情况下，眼睛具有看的力量，真的是“看”的力量！“摄影师是快乐而感性的。因为眼睛可以掌控感官和感觉，影响人的情感，而理性不能。”这是沃克·埃文斯说的。眼睛既不会沉思或空想，也不受理性的约束，它为自己想见到的事物而去看，用视觉感受。

眼睛可以容下一切，它接受、积累所有进入视野的东西，人、物及各种形状的东西像雨点一样落下来。眼睛可以吞噬一切，来者不拒，和相机镜头一样，好像无情的机器吸收了一切。但如果是抓拍，你永远都要面对的问题就是运动和几何形状。

与转瞬即逝、变幻无常及不可捉摸做斗争是我最大的乐趣。我最喜欢的地方是村落和城市中的街道。喧闹的地方就会有转瞬即逝的东西与你擦肩而过。我喜欢快速反应，与它共舞。“特定一幕的情景，只不过是那一刻的映像罢了。”［典故出自普鲁斯特《追忆似水年华》中的“对特定一幕的回忆，只不过是对那一刻的遗憾罢了”。法语“映像”（reflet）和“遗憾”（regret）只差两个字母。］

我给马克看 2010 年 4 月《黑与白》（*Black & White*）杂志第 74

期第53页中菲利普·特雷格（Philip Trager）的一张照片（右图）：所罗门·古根海姆美术馆和其他建筑物的一部分，以及一片天空。这是一张有着几何形状和建筑感的照片。马克立即兴奋起来：

所罗门·古根海姆美术馆，菲利普·特雷格拍摄于1978年。

这与我所追求的是一样的，绝对一样。这张照片最重要的是构图，是经过深思熟虑的。纵向直线没有放在画面中心，而是在左边的1/3处。而与它相切的那条斜线与建筑物的螺旋形状相呼应。你给我看这张照片，这跟我所做的完全一样。我不用脚架，快速拍摄，但讲究构图，而记者们常常没有时间做到这一点。

阿尔梅里科别墅（圆厅别墅），1984年。

基斯林，素描。

菲利普·特雷格的另一张照片（见第 145 页下图），拍的是帕拉弟奥（译者注：Andrea Palladio，文艺复兴时期意大利建筑师）设计的一座别墅的廊柱。

光线运用得很美。这张照片也与我的风格一样。

所以你的作品可以直接与建筑摄影相比？

几乎是的。如果被摄对象不动，那么我动。我一边移动一边捕捉。

我们继续谈建筑摄影，他又给我看他的大卢浮宫那本书。

如果碰到偶然情况，比如一个人走过，我会用他活跃气氛。在建筑摄影领域，人们依赖于构图，受到“现成的东西”的制约，但我仍然可以利用它。这里，一个人走进明亮的三角区域（见对页图），我在稳定的构图中加入了活跃的元素。（你是怎样做到的？）需要走到那里等待，在脑子里构图。建筑不会动，但摄影师会……

他提起脚向左迈出半步，然后又向右迈出半步，然后回到原地，像在跳舞……

人们可以构思一张照片。

构思？当然。摄影有自己的“写法”，这非常有趣：几乎是换掉一个字母，把“R”换成“P”，“orthographe”（拼写）就变成了“photographe”（摄影师）……

如果我们很好地研究和理解了主题，意图也讲得很清楚，但构图组

卢浮宫，巴黎，法国，1989 年。

玛格丽特·尤瑟纳尔，日本，1982年。

织得不好，照片就是失败的。不过我也不愿像个老人那样在这个问题上喋喋不休。

我给他看基斯林（译者注：莫依斯·基斯林，Moise Kisling，1891—1953，波兰画家）的一幅铅笔画（见第146页图），这可能是一幅为版画或者蚀刻画打的草稿。我请教马克关于黑白艺术作品的问题，探讨照片、版画和黑白素描之间的异同。

从构图规则上来讲，它们是同源的。但绘画和版画是完全由艺术家创作的，是他们一笔一画雕琢出来的。而摄影师则受到我刚才讲的积累规则的制约，所以照片中会出现许多东西。在我们有意无意地拍摄作品的时候，或者在洗照片的时候，一些之前没有发现的形状会突然出现，这样的发现有时是喜悦，有时则是痛苦。

摄影总会或多或少给人带来震撼。

一切都是风景……

我给他看一张风景照（曲折的路）。

无论什么主题，需要考虑的问题都是一样的。

（一切都是风景？）是的，人群也是。（除了肖像？）肖像也是！完完全全是一码事。

我给他看他在日本拍的玛格丽特·尤瑟纳尔（Marguerite Yourcenar）的肖像（见对页图）。

我与她在东京的这座花园里待了 45 分钟。我知道拍她是很容易的，她是个非常简单的人，大方自然。对于这张照片的构图，我利用了剪成圆球形状的树丛，树丛从画

Val Richer，诺曼底，法国，1992 年。

利物浦，英国，1954 年。

“羊舍”四周的风景，上博若莱，法国，1968 年。

梶川由纪，京都，日本，2005 年。

吴哥窟，柬埔寨，1990 年。

面的下方往右上方斜向延伸。这很简单，虽然不是出类拔萃的构图，但站得住脚。我找到了人物与植物背景之间的联系。

这张照片雅致、细腻。

我们肯定要尝试拍出好照片，并且对报社或出版社有一定的意义。比如我在京都拍了 5 张彩色照片，照片中的人叫梶川由纪（Yuki Kajikawa，见左上图），她在她父亲的那座很棒的博物馆里工作。她请我吃午餐。她风趣、迷人，非常可爱……很高兴让我拍摄。

你拍摄肖像照和风景照遵守的是同一个规则吗？

构图是种条件反射。肖像照怎么拍？只需走到被摄者的正前方，辨别垂直元素和水平元素。在这个日本餐厅里，被摄对象后方的墙上有节奏地分布着纵向和横向的杆子，这就很难在拍摄的时候保证它们不变形。风景照也好，肖像照也好，所有一切都跟视觉建构的节奏和韵律有关。即便遵守了所有的基本原则，有些照片还是会令人失望，比如这位迷人的由纪的照片。有些却很精彩，比如巩俐的那张（见对页图）。我们不可能完全解释这是为什么，幸好不能！

［他指给我看他头顶上方的 3 张吴哥窟的照片（见上图及第 153 页图）：］哪张最好？当然是中间那张。

巩俐，中国，1993年。

亨利·卡蒂埃-布列松在拍摄的时候是否有种暴烈、独有的张力？你怎么看待你们之间的不同？

亨利的决定性本能（是的，马克说的是“本能”，而不是“瞬间”，这是特意的）[译者注：法语“instinct”（本能）和“instant”（瞬间）拼写相像]和我的做法不同。他走到那里，然后“嘿”一声，一下就抓到了（手的动作，好像抓住一只苍蝇）。毫无准备的一个干脆的动作，就这样拍到了……在琼恩·米利（Gjon Mili）的电影中我们可以看得清楚，亨利拍照片时，往前一步，“咔嚓”拍一张，退后一步，“咔嚓”拍一张，很猛烈。“咔嚓！咔嚓！”来了，“啪！”好像抽一鞭，砍一刀。是的，就这样“咵”的一下（他伸出五指好像要抓什么东西，动作极快）。而我比较慢，我的方法不同。亨利拍摄的时候按快门次数多，“咔嚓！咔嚓！咔嚓！”本能反应，快如闪电。他受绘画及那些艺术杰作构图的影响很大。

构图的成功与否是一种自我的看法，亨利·卡蒂埃-布列松把照片反过来检查构图，不去考虑图像的意义。我们从图像架构的几何形状中获得愉悦，从美好的视觉结构中得到满足。我们与画家不相上下。

吴哥窟，柬埔寨，1990 年。

吴哥窟，柬埔寨，1990 年。

抓拍，构图，乐在其中

马克的总结

曼谷，泰国，1969 年。

中国，1971 年。

1. 反复尝试

不厌其烦地反复尝试。重要的是把“鱼”抓住，因为事情发生得很快，稍纵即逝，所以要不断地反复尝试。我们重复做的是两个基本动作：寻找好的构图和在恰当时间释放快门……然后重新开始。想要眼疾手快并且精准构图，需要日复一日地练习。

2. 拍摄游戏

我所喜欢的和我所从事的是“在混乱中寻找秩序”。摄影就是寻找线条的游戏，需要巧合、惊喜和视觉上的和谐，就像这些圆。美无处不在，你需要等待天赐良机。

3. 保持垂直

无论什么情况下都要保持身体的中正。因为如果别人在动，你的身体也跟着动，加上手里还举着相机，画面很容易倾斜。

4. 乐在其中

对我来说，摄影是奇妙的活动。边走边看，为各种巧遇做好准备。尤其夜晚的光线、糟糕的天气（下雨、刮风）……这些都是摄影的快乐伴侣。你只需挖掘出好的构图，就能拍出好的照片。

5 勤于用眼

（我问马克，摄影师的眼睛在日常生活中是否比一般人使用得多。）裸眼就可以拍摄……不需要照相机。如果有一个可以拍摄的场景，我的眼睛一下子就看到了那里。我特别喜欢无相机拍摄，这叫“眼拍”。

上海，中国，1992 年。

阿努克·格林伯格（Anouk Grinberg），巴黎，法国，1991 年。

6. 对于好的摄影工作者，拍照意味着什么，记录资料？表现情感？还是艺术创作？

我的回答只有一个：用眼睛去看。完完全全地去看，彻彻底底地去看，把这个媒体用到极致。我们需要像一个好的工人那样去做事。亨利告诉我要注意那些小的细节，它们并不引人注意，却可能就是历史的关键点。亨利引用马克斯·雅各布（Max Jacob）的话：“艺术作品是为某种效果所使用的手段的集合。”艺术家不是铺陈他们罪孽的忏悔者，而是为了一个目标而工作的制造者。他们所从事的是一个职业，他们讲述故事就好像按照图样缝纫服装……要学会怎样制造。

中国，1957年。

纽约，美国，1987年。

7. 创伤

当所有条件都具备了，我们感觉就要成功了，结果拍不出来。哎呀！多么令人沮丧！

8. 走调

乐曲中走调的音符会使耳朵感到不适，不和谐的图像也会影响眼睛这个精密的器官。我们可以说一张照片就像一首乐曲，拍摄影像就像敲击键盘那样协调舒适，光线分布恰当，黑白（节奏）分明等。

9. 干涉主义

有时我们会为拍摄照片稍作摆设，干涉被摄物体或人，但我不太喜欢这样做。

10. 图像的几何特征是否可以看作“马克风格”的显著标志？

是的，这是核心。受亨利·卡蒂埃－布列松的影响。无论哪两张照片，包括不错的甚至优秀的，它们之间的区别就是画框中的元素的组织方式。何况经常会有不速之客在我们不知情的情况下加入到画面中来，使照片变得更精彩。

[提到那张有中国自行车的照片（见顶图）：]是的，我对圆情有独钟，我很容易发现它们，圆形和椭圆。

11. 愉悦和享受

的确，看长方形取景框中的几何图案是一种愉快的享受，就像听巴赫的组乐，或是洛特·勒曼（译者注：Lotte Lehmann，1888—1976，德

德黑兰，伊朗，1979 年。

裔美国演员）唱的《女人的爱情与生活》（*L' Amour et la Vie d' une femme*），我曾用战后我的第一架留声机循环播放这首歌曲。音乐也讲究细节，可以打动我们。

我和儿童、女人及男人之间有着不可割舍的关系，因为他们的可爱、高雅和庄严常常被人们忘却，而照片可以重新发现这一切。就算没有人物，我也希望有一些行动的痕迹，比如涂鸦，或是标语可以让我们联想到人类的存在。

12. 构图

我讲得太多了。我既不希望矫揉造作，也不喜欢循规蹈矩。构图很好，但我希望它能够展示的是人的存在，无论照片上的人是可见的还是不可见的。

13. 隐形

隐藏自己，让别人对你视而不见。在街上的人群中，你是怎样做到隐身的？

我向人招手、微笑，我很友好，给人感觉没有危险，而且动作快。我看向其他地方，或者假装看其他地方。凯瑟琳说我狡诈，我天真地看向一边，然后突然在一秒钟之内转过来，就拍到了……

14. 成片率

我的作品成功率是每 3 张或 4 张有 1 张基本可以站得住脚。很难统计极好照片的比率。工作时间长的一天中我可以使用 25 卷胶卷，但只保留几张照片。极好的照片是一种奇迹，是不可复制的。

15. 个人风格

我曾经研究过在摄影领域中什么叫“个人风格”。某一时刻，不同

莱赫·瓦文萨（Lech Walesa），波兰，1980年。

鞍山，中国，1957年。

的摄影师肩并着肩拍摄同一物体，结果拍出的照片完全不一样。很多摄影师都努力使自己的作品越"个人"越好。

16. 马克的本能，精准的判断

1980年，我和凯瑟琳一起去波兰，华沙的法国大使对我们说："快要结束了。"（与官方看法不同，马克的直觉告诉他波兰团结工会将上台，并向凯瑟琳说出了他的预言。）同样在东德柏林墙拆除的时候，法国大使说："他们会在共产主义和资本主义之间找到第三条路。"怎么可能！他们唯一迫不及待想做的事就是奔向资本主义。事实很明显。

17. 钻石工人之眼

我们的眼睛会通过取景器看，这是肯定的，但为了观察小样，我们经常会用放大镜或分析镜去看。眼睛贴在放大镜或分析镜上，我感觉像钻石工人那样追求精益求精，比别人更能发现细小的缺陷，并且为这些缺陷感到惋惜。

18. 礼物向你走来

世界上存在太多值得品味的细节，以至于只需做好准备迎接它的到来，就好像机会和礼物。（他指给我看：）你看这扇窗户，内部木制的窗板，有几厘米的错位，很奇怪，很有意思[这是瑞士雕塑家贾科梅蒂（Giacometti）遗孀原住所，窗扇是用一种不同寻常的方法修缮的]，不是吗？不要忘记日常生活普通的外表下埋藏着宝藏。

马克·吕布，20 世纪 90 年代。

19. 喜好意外

（电话响了。）“我喜欢接电话。”（马克大笑着说。）

20. 一部作品，一段人生

马克看着我身后码放整齐的档案盒，层层叠叠的白色盒子、黑色盒子、黄色信封、标签及小样夹，轻轻地说：

这才是最重要的。

这十几段对话是 2010 年冬末至第二年春初之际进行的。能找到一位新的听众，马克感到非常高兴，并且渴望听到他的意见。我从工作室门口经过的时候，经常听到里面传出开怀大笑的声音。

有一些照片，比如拍摄里昂和卢浮宫金字塔的，在此书中占有非常重要的位置，因为当时马克正在项目拍摄期间，或是正在准备出版。每天的重点是在交谈的过程中产生的，而不是根据他摄影生涯中的拍摄主题所占据的重要性而定的。讲述和倾听的愉悦是这些对话的黄金规则。

非常感谢贝特朗 · 埃韦诺（Bertrand Eveno）先生将每一次会面变成一段欢乐时光，而这些欢乐时光，我希望也能成为读者的欢乐时光。

凯瑟琳 · 申恩

生 平

1937 年，在巴黎世界博览会上，马克·吕布用父亲送给自己的 14 岁生日礼物——一架迷你口袋相机，拍摄了生平第一组照片。1944 年，马克参加了韦科尔战斗。1945—1948 年，他在里昂中央理工学院研习工程技术，并在工厂工作。一次，他用一个星期的假期拍摄了里昂戏剧节，之后便没再回到工厂，并决定将自己的一生奉献给摄影。

1953 年，他在《生活》杂志发表了一张埃菲尔铁塔油漆工的照片。他受亨利·卡蒂埃－布列松和罗伯特·卡帕的邀请进入马格南图片社。罗伯特·卡帕把他送到伦敦“去找女朋友和学习英语”。他没有学英语，却在摄影上下了大工夫。

1955 年，他出发去印度，途经中东和阿富汗。在印度生活一年之后，于 1957 年转程去了中国，实现了他的第一次中国之旅。1960 年，在苏联生活了 3 个月之后，他去拍摄阿尔及利亚独立和撒哈拉以南的非洲。1968—1969 年，他报道了南越和北越的情况，成为当时极少数能够进入越南的摄影师之一。

20 世纪 80 年代起，他多次返回中东和远东，并在巴黎、伦敦、纽约及中国北京、香港等地办展览。

马克·吕布出版了很多书，其中最著名的有《中国的三面旗》（*Les trois bannières de la Chine*，罗贝尔·拉封出版社）、《日记》（德诺埃出版社）、《黄山，空中的峰峦》（*Huangshan，Les Montagnes célestes*，阿托尔出版社）、《吴哥窟，安详的佛土》（*Angkor，sérénité bouddhique*，法国国家印刷局出版社）、《明天，上海》（*Demain Shanghai*，戴乐比尔出版社）。

他的作品在欧洲及美国、日本多家博物馆展出。他曾获得众多奖项，包括两次海外新闻俱乐部奖（Overseas Press Club）、徕卡终身成就奖（Leica Life Time Achivement）、露西奖（Lucie Award ）及 ICP 无限奖（ICP Infinity Award）。

他将档案捐赠给巴黎吉美国立亚州艺术博物馆（The Museum of Asian Art Guimet）。

书 目

马克·吕布的著作及关于他的书籍

马克·吕布在众多国际报纸、杂志上发表过照片。包括：《生活》、《时代》周刊、《巴黎竞赛报》、《亮点》杂志、*Geo*、《星期日泰晤士报》（*Sunday Times*）、美国《国家地理》（*National Geographic*）等。

Vrouwen van Japan, Christine Arnothy 撰文，Bruna & Zoon、Utrecht、Pays-Bas，1959。英文版：*Women of Japan*，A Bruna Book / André Deutsch，伦敦，1959。

Le bon usage du monde，Claude Roy 撰文，“L' Atlas des voyages”系列，Rencontre 出版社，洛桑，瑞士，1964。

Ghana，Jean Rouch 撰文，“L' Atlas des voyages”系列，Rencontre 出版社，洛桑，瑞士，1964。

Les trois bannières de la Chine，Han Suyin 作序，Robert Laffont 出版社，巴黎，1966。美国版本：*The Three Banners of China*，Collier-Macmillan 出版社，纽约，1966。

Face of North Vietnam，Philippe Devillers、Holt 撰文，Rinehart & Winston 出版社，纽约，1970。

Bangkok，William Warren 撰文，Weatherhill & Serasia 出版社，纽约，1972。

Marc Riboud，Jean Dieuzaide 作后记，Château-d'Eau 市政府画廊，图卢兹，1977（图册）。

Chine: Instantanés de voyage，Arthaud 出版社，巴黎，1980。瑞士版：*Bericht aus China*，Atlantis 出版社，苏黎世，1981。美国版：*Visions of China - Travelling Lights: Photographs by Marc Riboud 1957-1980*，Orville Schell 作引言，Pantheon 出版社，纽约，1981。

Marc Riboud，Anna Fárová 撰文，“I Grandi Fotografi”系列，Gruppo Editoriale Fabbri，米兰，1982。

Gares et Trains，Jacques Reda 撰文，Annie Lorenzo 向导，“Le Piéton de Paris”系列，n° 6，ACE 出版社，巴黎，1983。

Marc Riboud: photos choisies, 1953—1985，Françoise Marquet、Jean Lacouture、Anne Philippe 和马克·吕布撰文，巴黎现代艺术博物馆 / Paris Audiovisuel，巴黎，1985（图册）。

Marc Riboud: photographes photographiés，Nicéphore-Niépce 博物馆，索恩河畔沙隆，1985（图册）。

Images de Villeurbanne，Christian Caujolle 作引言，法国国家摄影基金会，里昂，1985（图册）。

Marc Riboud. Journal，Claude Roy 撰文，Denoël 出版社，巴黎，1986。美国版：*Marc Riboud: Photographs at Home and Abroad*，Harry N. Abrams 出版社，纽约，1988。

L' embarras du choix，马克·吕布撰文 / 摄影，法国国家摄影中心，巴黎，1988（图册）。

Marc Riboud，马克·吕布作引言，“Photo Poche”系列第 37 卷，法国国家摄影中文出版社，巴黎，1989。

Huang Shan, Les montagnes célestes，François Cheng、马克·吕布撰文，Flammarion 出版社，巴黎，1989。美国版：*Capital of Heaven*，Doubleday 出版社，纽约，1989。

Angkor, sérénité bouddhique，Jean Lacouture、Jean Boisselier、Madeleine Giteau 和马克·吕布撰文，法国国家印刷局出版社，巴黎，1992。英国版：*Angkor, the Serenity of Buddhism*，Thames & Hudson 出版社，伦敦，1993。

Daya Bay，Jean Lacouture 撰文，EDF 出版社，巴黎，1994。

40 ans de photographie en Chine，Jean Daniel 作前言，Nathan 出版社，巴黎，1996。美国版：

In China: Forty years of photography，Harry N. Abrams 出版社，纽约，1996。英国版：Thames & Hudson 出版社，伦敦，1996。

Photos choisies，Annick Cojean 和 Claude Roy 撰文，La Martinière 出版社，巴黎，2000。

Marc Riboud -Cent photos pour défendre la liberté de la presse，Noël Copin、Arthur Miller 和 Annick Cojean 撰文，Reporters Sans Frontières 出版社，巴黎，1998。

Istanbul，Jean-Claude Guillebaud 撰文，法国国家印刷局出版社，巴黎，2003。

Demain Shanghai / Shanghai Tomorrow，Caroline Puel 撰文，Feng Xiao-Min 书法，戴乐比尔出版社，巴黎，2003。

Marc Riboud - 50 ans de photographies，罗伯特·戴乐比尔、Annick Cojean、Catherine Chaine 和马克·吕布撰文，Flammarion 出版社，巴黎，2004。英文版：*Marc Riboud - 50 Years of Photography*，Flammarion 出版社，巴黎，2004。

Huang Shan，再版，François Cheng、马克·吕布撰文，Flammarion 出版社，巴黎，2004。英文版：*Capital of Heaven*，Flammarion 出版社，巴黎，2004。

Marc Riboud-A Retrospective，Yoshimoto Kajikawa、Annick Cojean 和马克·吕布撰文，何必馆·现代美术馆，京都，2005。

Sous les pavés...，Seloua Luste-Boulbina 撰文，La Dispute 出版社，巴黎，2008。

Marc Riboud, L' Instinct de l' instant, cinquante ans de photographie，Michel Frizot、Jean Lacouture、Daniel Marchesseau 和 André Velter 撰文，Paris-Musées 出版，2009。

Les Tibétains，André Velter 作前言，法国国家印刷局出版社，巴黎，2009。

Algérie Indépendance，Jean Daniel 作前言，Malek Alloula、Seloua Luste-Boulbina 撰文，Le Bec en l' air 出版社，马诺斯克，2009。

Montagnes célestes du Huang Shan, paysages d' Angkor，De Gourcuff 出版社，巴黎，2010（图册）。

Photo Poche 2004—2010 年再版，Actes Sud 出版社，阿尔勒。

Choses vues，André Velter 撰文，法国国家印刷局出版社，巴黎，2012。

Vers l' Orient，马克·吕布和凯瑟琳·申恩作序，Xavier Barral 出版社，巴黎，2012 年法英双语版。

Nécessaires accessoires，Michel Perry 和凯瑟琳·申恩撰文，Polka 画廊 / De Gourcuff 出版社，巴黎，2012 年（图录）。

Marc Riboud，Quentin Bajac 撰文，Monographies 丛书之一，巴黎蓬皮杜艺术中心出版，2013 年。

Marc Riboud, 60 ans de photographie，Annick Cojean 撰文，Flammarion 出版社，巴黎，法英双语版，2014 年。

Alaska，Richard Collasse、Catherine Riboud 和 Masako Sato 撰文，东京 Chanel Nexus Hall 艺术中心，日英双语版，2015 年（图录）。

Cuba，Jean Daniel 和 Wim Wenders 撰文，La Martinière 出版社，巴黎，2016 年。

La jeune fille à la fleur，Philippe Séclier 撰文，Jan Rose Kasmir 撰写后记，Seuil 出版社，巴黎，2017 年。

Marc Riboud，Hachette 出版社，“马格南摄影”系列，米兰，2019 年。

Chines，François Godement 和 Thomas Sauvin 撰文，La Martinière 出版社，2019 年。

La Chine de Marc Riboud，Lorène Durret、Catherine Riboud 和 Nie Rongqing 撰文，昆明当代美术馆出版，法中双语版，2019 年（图录）。

Marc Riboud, Histoires possibles，Lorène Durret、Claude Estèbe、Jérôme Ghesquière、Sophie Makariou、Catherine Riboud 和 Olivier Rolin 撰文，RMN 出版社 / 巴黎吉美国立亚洲艺术博物馆，巴黎，2020 年（图录）。

合作书籍

Népal，Jean Buhler 撰文，“Atlas des voyages”系列，Rencontre 出版社，洛桑，瑞士，1964。

Moscou，Paul Thorez 撰文，“Atlas des voyages”系列，Rencontre 出版社，洛桑，瑞士，1964。

Le Grand Louvre，du donjon à la pyramide，Catherine Chaine、Jean-Pierre Verdet 撰文，Hatier 出版社，巴黎，1989；1997 年再版。

Le voyage sans retour des enfants d' Izieu，Catherine Chaine 撰文，Gallimard 出版社，巴黎，1994；2009 年再版。

Variations sur le thème végétal dans les jardins du Centre，Jean-Paul Pigeat 撰文，Nicolas Bruant、André Martin、Sarah Moon、Jean-luc Olezak 和马克·吕布摄影，Idéodis Création 出版社，巴黎，2001。

J' aime avoir peur avec toi，Catherine Chaine 撰文，Seuil 出版社，巴黎，2004。

Clichy sans cliché，Jérôme Bouvier 撰文，Jane Evelyn Atwood、Yann Arthus-Bertrand、Alexis Cordesse、Jean-Louis Courtinat、Michel Vanden Eeckhoudt、Jacques Grison、William Klein、Sarah Moon、Marie-Paule Nègre、马克·吕布、Joël Robine 和 Paolo Roversi 摄影，戴乐比尔出版社，巴黎，2006。

I comme Image，Catherine Chaine 和马克·吕布，Gallimard Jeunesse / Les Trois Ourses 出版，巴黎，2010。

1. 2.. 3... Image，Catherine Chaine 和马克·吕布，Gallimard Jeunesse / Les Trois Ourses 出版，巴黎，2011。

Algérie, de la guerre à l' indépendance, 1957-1962，Jean-Jacques Jordi 撰文，Kryn Taconis、Erich Lessing、Nicolas Tikhomiroff、Sergio Larrain、Raymond Depardon、Philip Jones Griffiths 及马克·吕布摄影，Ouest France 出版社，2012。

参考书籍

Nouvelle Histoire de la photographie，Michel Frizot，Bordas / Adam Biro 出版，巴黎，1995。

访 谈

Marc Riboud - Don Swaim，CBS Radio Studio，纽约，1988。

电 影

Marc Riboud，série Contact，CNP / Arte / Riff Production 合作出品，Alain Taïeb 导演，1989。

L' homme qui marche，Jean-Michel Vecchié 导演，Arte，2001。

Instants d' année，Philippe Séclier 导演，Riff Production，2004。

Marc Riboud: un œil sur Shanghai，Jean-Yves Huchet、François Cauwel、Pierre-Yves Lochon 和 Mathias Lavergne 导演，Arte / Hikari Films / Sinapses Conseils 联合出品，2010。

主要的个人展览

1963 年“Marc Riboud”，芝加哥艺术博物馆，美国。

1966 年“China”，纽约 Asia House 及当代艺术学院，美国。

1967 年“China”，摄影者画廊，伦敦 / “Chine”，戴乐比尔画廊，巴黎，法国。

1974 年“Marc Riboud”，摄影者画廊，伦敦，英国。

1975 年“Nord-Viêtnam”，Rote Fabrik，苏黎世，瑞士。

1975 年“Marc Riboud”，纽约国际摄影中心，美国。

1976 年阿尔勒国际摄影节，Réattu 博物馆，阿尔勒，法国。

1977 年“Marc Riboud”，Château-d’Eau 市政府画廊，图卢兹，法国。

1978 年“Marc Riboud”，Agathe Gaillard 画廊，巴黎，法国。

1980 年“Chine”，戴乐比尔画廊，巴黎，法国。

1981 年“From China and Elsewhere”，摄影者画廊，纽约，美国。

1981 年“China”，摄影者画廊，伦敦，英国。

1982 年“Chine”，Le Trépied 画廊，日内瓦，瑞士。

1984 年“Hommage à Marc Riboud”，Centre d’action culturelle 文化中心，安古兰，法国。

1984 年“Chine”，ACPA 画廊，布尔多，法国。

1984 年“Images de Villeurbanne”，维勒班市政府，法国。

1985 年“Marc Riboud”回顾展，巴黎现代艺术博物馆。

1985 年“Photographes photographiés”，Nicé- phore-Niépce 博物馆，索恩河畔沙隆，法国。

1987—1988 年“Marc Riboud: l’embarras du choix”，巴黎市图书馆，Tourcoing 和 Agathe Gaillard 画廊，巴黎。

1988 年“Lasting Moments 1953/1988”，纽约国际摄影中心。

1989 年“Huang Shan”和“Hommage à I.M. Pei”，卢浮宫，巴黎，法国。

1990 年“Huang Shan”，法国文化中心，纽约，美国。

1990 年“Lasting Moments 1953/1988”，The Menil 基金会，休斯敦，美国。

1991 年“Rétrospective”，东京和大阪，日本。

1992 年“Autour du procès Barbie”，律师之家，里昂，法国。

1994 年“Angkor photographies”，Atalante 画廊，Evian-les-Bains，法国。

1996 年“Marc Riboud, Photographs”，Stephen Cohen 画廊，洛杉矶，美国。

1996—1997 年“40 ans de photographies en Chine”，巴黎国家摄影中心、北京美术馆、伦敦 The Barbican 中心、纽约国际摄影中心。

1997 年“Marc Riboud”，Howard Greenberg 画廊，纽约，美国。

1998 年“Hommage à Anna Fárová”，布拉格。

1998 年“40 ans de photographies en Chine”，BBK 基金会，毕尔巴鄂，西班牙。

1999 年 Hackelbury 画廊，伦敦，英国。

2000 年“Marc Riboud，photos choisies”，抵抗运动史和流放史中心，里昂，法国。

2001 年“Marc Riboud”，Leica 画廊，纽约，美国。

2001 年“Chinese Eyes”，香港中国会、中国平遥国际摄影节。

2001 年“Marc Riboud，Photos choisies”，La Galerie Photo，蒙彼利埃，法国。

2001 年第 22 届 Quinzaine de la photographie 摄影节特约嘉宾，肖莱，法国。

2002 年“Marc Riboud”，Agathe Gaillard 画廊，巴黎。

2002 年“Marc Riboud，45 Years of Black & White Photography in Asia”，Chinese Eyes，中国香港和新加坡。

2002 年 Châteaumeillant 第 9 届摄影双年展特约嘉宾，法国。

2002 年平遥国际摄影节，中国。

2003 年 “Demain Shanghai”，Carnavalet 博物馆，巴黎，法国。

2004 年大皇宫“Trésors des musées de Chine”（中国博物馆珍藏展）之“Huang Shan - Montagnes célestes”（黄山，空中的峰峦），巴黎，法国。

2004 年“Photographier la guerre d’Algérie”，Monuments historiques，Hôtel de Sully，巴黎，法国。

2004 年“Marc Riboud. Cinquante ans de photographie”，欧洲摄影之家，巴黎，法国。

2005 年“Marc Riboud. Cinquante ans de photographie”，Fabre 博物馆，蒙彼利埃，法国。

2005 年莫斯科国际摄影节，摄影之家，莫斯科，俄罗斯。

2005 年“Marc Riboud”，Hermès 画廊，纽约，美国。

2005 年“Marc Riboud-Rétrospective”，何必馆・现代美术馆。

2005 年“Leeds 1954—2004”，广东艺术博物馆，中国。

2005 年“Gazes - Fifty Years of Photography at la Maison européenne de la photographie”，Hermès 画廊，纽约，美国。

2006 年“Photographing the World，1953—2005”，The Minneapolis Institute of Arts，明尼阿波利斯，美国。“Marc Riboud: The World，His Lens”，Duncan Miller 画廊，洛杉矶，美国。

2006 年“I piaceri dell’occhio”，Palazzo Reale，米兰，意大利。

2007 年“Marc Riboud”，Spazio Mazzotta，米兰，意大利。

2007 年“Marc Riboud. Retour en Chine”，Polka 画廊，巴黎，法国。

2008 年“Marc Riboud and his friends in China”，Plazza 66，上海，中国。

2008 年“Home on the Road”，Howard Greenberg 画廊，纽约，美国。

2008 年“Marc Riboud：Mai 68”，索帮广场及 Louis-le-Grand 高中大厅内和围栏上展览，巴黎，法国。

2008 年“Les inédits de Marc Riboud”，Atelier Publimod，巴黎，法国。

2008 年“La Construction du bateau France”，摄影节，瓦纳，法国。

2008 年“Huang Shan”，Mountain Photo Festival 摄影节，瓦莱达奥斯塔，意大利。

2008 年“Marc Riboud - Wu Jialin（马克・吕布—吴家林）”，LipaoHuang 画廊，巴黎，法国。

2009 年“Leeds 1954—2004”，Historical Museum 历史博物馆，利兹，英国。

2009年“Marc Riboud. L’instinct de l’instant, Cinquante ans de photographie”，musée de la Vie romantique 博物馆，巴黎，法国。

2010 年“Rétrospective”，Nordic Light，国际摄影节，克里斯蒂安松，挪威。

2010—2011 年“The instinctive moment ，上海美术馆、北京中央美术学院美术馆、西安美术馆、香港大会堂、澳门艺术博物馆、武汉美术馆、成都国际摄影中心、大连艺术展览馆、厦门集美国际摄影中心，中国。

2010 年“Jardins célestes”，卢瓦尔河畔肖蒙城堡，法国。

2010 年“Tibet, The land Closest to the Sky”，Crow Collection，达拉斯，美国。

2010年“Icônes et inconnues”，Arcturus 画廊，巴黎，法国。

2010 年“Marc Riboud, photographe, rétrospective”，里约热内卢 Alliances françaises 法国文化协会，巴西。

2010 年“I comme Image - un abécédaire photographique”，欧洲摄影之家，巴黎暨第 32 届 Quinzaine de la photographie 摄影节，肖莱，法国。

2010—2011 年“Vers l’Orient de Marc Riboud”，Grognard 工作室和 Rueil-Malmaison André-Malraux 剧院；连桥城市政府，法国。

2010 年“Huang Shan, Capital of Heaven & others”，Fotografija 画廊，卢布尔雅那，斯洛文尼亚。

2011 年“Angkor”，Camera Obscura 画廊，巴黎，法国。

2011 年“Liberté, égalité, féminité”，Polka 画廊，巴黎，法国。

2011 年“Paris”，Café des fous 咖啡馆，巴黎，法国。

2011年“Huang Shan”（黄山），Septennat 博物馆，希农城堡，法国。

2011年“Hommage à Marc Riboud”，法中之家，巴黎，法国。

2011 年“Histoires du quotidien en Chine de 1957 à 2011”，Quais Hennessy，科涅克，法国。

2011 年“Marc Riboud, 50 ans de photographie”，摄影博物馆，雷克雅未克，冰岛。

2011 年“Marc Riboud Rétrospective”，Young 画廊，布鲁塞尔，比利时；Pierre Mahaux 画廊，梅杰夫，法国。

2011 年“Marc Riboud”，Etrave 画 廊，Thonon-les-Bains 艺术之家，法国。

2012 年“1. 2.. 3… Image”，巴黎 Les Trois Ourses 出版社画廊及 Cour des Bœcklin 图书馆，Bischeim，法国。

2012 年“Marc Riboud, travail et humour vagabonds”，Biennale internationale de l’image 双年展；南锡及 Jacques Brel 文化中心，蒂永维尔，法国。

2012 年“Marc Riboud, le Peintre de la Tour Eiffel”，Hangaram Design Museum 博物馆、大邱摄影双年展、一山国际展览中心，首尔，韩国。

2012 年“Duo d’Afrique, du masque à la photographie”，Pierre André Benoit 博物馆，阿莱斯，法国。

2013 年“Vers l’Orient”，Camera Obscura 画廊，巴黎，法国。

2014 年“Marc Riboud, Longues marches en Chine”，波尔多海军基地，法国。

2014 年“Keleti Utazas, Into the Orient”，Mai Mano，摄影之家，布达佩斯，匈牙利。

2014 年“Marc Riboud, Premiers déclics”，Le Plateau 展览馆，罗纳 - 阿尔卑斯大区市政厅，里昂，法国。

2014 年“Marc Riboud，Witness at a Crossroads”，Rubin 艺术博物馆，纽约，美国。

2014—2015 年“Marc Riboud，l’alphabet du monde”，莫斯科多媒体艺术博物馆，俄罗斯。

2015 年“Alaska”，东京 Chanel Nexus Hall 艺术中心、京都 Kyotographie 摄影节，日本。

2015 年“Marc Riboud，Liulichang 50 years”，Beaugeste 画廊，上海，中国。

2015 年“Marc Riboud”，萨格勒布装饰艺术博物馆，作为 Rendez-vous 艺术节的一部分展出，克罗地亚；斯彭扎宫，杜布罗夫尼克，克罗地亚；Galic 沙龙，斯普利特，克罗地亚；法国学院，贝尔格莱德，塞尔维亚。

2016 年、2017 年“Au gré des voyages”，Photomed 摄影节，滨海萨纳里，法国；法国学院，贝鲁特，黎巴嫩。

2016 年“Vers l’Orient”，天水摄影双年展，中国。

2016 年“Cuba”，Visa 摄影节，佩皮尼昂，法国。

2016 年“Chine”，Leica 摄影画廊，上海，中国。

2016 年向马克·吕布致敬，巴黎市立现代艺术博物馆永久藏品展，法国。

2016—2017 年“Cuba，1963”，Brownstone 基金会，巴黎，法国；Foteca 画廊，哈瓦那，古巴。

2017 年“La jeune fille à la fleur，50 ans après”，Arcturus 画廊，巴黎，法国。

2018 年“Marc Riboud，Conscious Traveller，Concerned Photographer”，Galerija Jakopic 画廊，卢布尔雅那，斯洛文尼亚；Bratislava 艺术之家，斯洛伐克。

2019 年“La Chine de Marc Riboud ”，昆明当代美术馆、深圳罗湖美术馆、成都当代影像馆，中国。

2020—2021 年“Chines”，Polka 画廊，巴黎，法国。

2021 年“Marc Riboud，Histoires possibles”，巴黎吉美国立亚洲艺术博物馆，法国。

主要参与的合展

1968 年“Mai 68”，local des 30 / 40，rue Mouffetard，巴黎，法国。

1972 年“Behind the Great Wall of China”，纽约大都会艺术博物馆，美国。

1973 年“Concerned Photographers II”，以色列博物馆，耶路撒冷。

1977 年“Concerned Photographer”，摄影者画廊，伦敦，英国。

1978 年“Dix ans de photojournalisme”，加列拉博物馆，巴黎，法国。

1981 年“Paris-Magnum”，卢森堡公园博物馆，巴黎，法国。

1988 年“Magnum en Chine”，commanderie SainteLuce，阿尔勒，法国。

1989 年 Exposition Gallery K，华盛顿，美国。

2010 年“Tant qu’il y aura des feuilles”，香波城堡，法国。

2011 年 8e festival photo，Peuples et Nature，La Gacilly，法国。

2011 年“Afriques”，Polka 画廊，巴黎。

2011 年“Murs，villes，hommes”，Arcturus 画廊，巴黎，法国。

2011—2012 年“Portraits in Africa”，Young 画廊，布鲁塞尔，比利时。

2012 年“Les femmes d’influence dans le société chinoise: de l’audace au succès（1912—2012）”，法中之家，巴黎，法国。

2014 年“1954—2014，L’histoire d’un combat vue par les grands photographes”，Abb é Pierre 基金会，巴黎国际展览中心，法国。

2014—2015 年“Paris Magnum，la capitale par les plus grands photoreporters”，巴黎市政厅，法国。

2016 年“Orient/Asie-Aller/Retour ”，巴黎吉美国立亚洲艺术博物馆合展，法国。

2017 年“Magnum Analog Recovery ”，巴黎 BAL 展览馆，法国。

2018 年“Une guerre sans nom—1954-1962 Algérie ”，Pierre Boulat、Raymond Depardon、Jacques Horst 和马克·吕布合展，佩皮尼昂国际新闻摄影中心，法国。

2019 年“Photographier l’Alg é rie ”，图尔宽市阿拉伯世界研究所，法国。

鸣 谢

感谢阿涅丝 · 加热斯（Agnès Gagnès）对此项目坚定不移的信念，是她极有分寸地处理了团队遇到的各种问题；感谢洛雷纳 · 迪雷（Lorène Durret）用她的智慧和严谨的态度使此书更加协调；感谢夏洛特 · 罗韦（Charlotte Rovai）提供了中肯的建议和技术方面的专业支持；还要感谢我们忠诚的朋友马丁 · 阿尔吉罗格洛 · 卡亚斯 · 贝（Martin Argyroglo Callias Bey），相信他在未来能够成为一位优秀的自由摄影师；感谢玛丽 · 米凯兰杰利（Marie Michelangeli）和我们一起开始了排版工作；感谢卡提亚 · 迪谢德拉维尔（Katia Duchefdelaville）超乎寻常的耐心，以及为使此书更精致所做出的努力；感谢多米尼克 · 里韦罗（Dominique Rivero）用锐利的眼睛为我们校对错误；十分感谢 Central Color 工作室的托马 · 孔萨尼（Thomas Consani）和韦罗尼克 · 雅卡尔（Vèronique Jaquard）、Atelier Publimod 工作室的山姆 · 诺布尔（Sam Noble），还有修图大师佩里纳 · 布德里（Perrine Boudry），没有他们，此书中的图片不会如此精美；感谢达尼埃尔 · 勒加尔（Daniel Regard）和他的团队为此书的质量所做出的坚持不懈的努力；最后感谢若瑟兰 · 德利让（Jocelyn Deligen）和凯瑟琳 · 申恩对艺术家的日夜看护。

此书为罗伯特 · 戴乐比尔策划“Des images et des mots”系列图书的第 9 本。

图书在版编目（C I P）数据

沉默者的话语：马克·吕布与贝特朗·埃韦诺的对话 /（法）马克·吕布 (Marc Riboud) 著；司墨译. -- 北京：中国摄影出版传媒有限责任公司, 2021.5
ISBN 978-7-5179-1083-1

Ⅰ. ①沉… Ⅱ. ①马… ②司… Ⅲ. ①马克·吕布－生平事迹 Ⅳ. ① K856.557.2

中国版本图书馆 CIP 数据核字 (2021) 第 139252 号

北京市版权局著作权合同登记章图字：01-2020-1154 号

沉默者的话语：马克·吕布与贝特朗·埃韦诺的对话

作　　者：[法] 马克·吕布 著
译　　者：司　墨
出 品 人：高　扬
责任编辑：盛　夏
策划编辑：张　韵
装帧设计：冯　卓
出　　版：中国摄影出版传媒有限责任公司（中国摄影出版社）
地址：北京东城区东四十二条 48 号 邮编：100007
发行部：010-65136125 65280977
网址：www.cpph.com
邮箱：distribution@cpph.com
印　　刷：北京科信印刷有限公司
开　　本：16 开
印　　张：10.75
版　　次：2021 年 8 月第 1 版
印　　次：2021 年 8 月第 1 次印刷
ISBN　978-7-5179-1083-1
定　　价：69.00 元